上海市2023年度"科技创新行动计划"软科学项目
"中国式现代化进程中上海科技园区创新生态系统构建与治理"（23692104800）

中山市港口镇
游戏游艺产业发展研究

甄 杰◎著

经济管理出版社
ECONOMY & MANAGEMENT PUBLISHING HOUSE

图书在版编目（CIP）数据

中山市港口镇游戏游艺产业发展研究/甄杰著 . —北京：经济管理出版社，2024.4
ISBN 978-7-5096-9575-3

Ⅰ.①中… Ⅱ.①甄… Ⅲ.①乡镇—游戏—产业发展—研究—中山 Ⅳ.①G898

中国国家版本馆 CIP 数据核字（2024）第 026956 号

责任编辑：赵天宇
责任印制：黄章平
责任校对：董杉珊

出版发行：经济管理出版社
　　　　　（北京市海淀区北蜂窝 8 号中雅大厦 A 座 11 层　100038）
网　　址：www.E-mp.com.cn
电　　话：（010）51915602
印　　刷：唐山昊达印刷有限公司
经　　销：新华书店
开　　本：720mm×1000mm/16
印　　张：12.5
字　　数：224 千字
版　　次：2024 年 4 月第 1 版　　2024 年 4 月第 1 次印刷
书　　号：ISBN 978-7-5096-9575-3
定　　价：78.00 元

前　言

　　特色小镇于 2014 年在浙江省兴起，是经济新常态下区域经济转型升级的一个重要举措。杭州云栖小镇、梦想小镇是特色小镇的代表。2016 年 10 月 11 日，住房和城乡建设部印发《住房城乡建设部关于公布第一批中国特色小镇名单的通知》，公布第一批 127 个国家级特色小镇名单。2017 年 8 月 22 日，住房和城乡建设部印发《住房城乡建设部关于公布第二批全国特色小镇名单的通知》，公布第二批 276 个国家级特色小镇名单。特色小镇建设主要表现为以产业为发展主线，实现"生产+生活+生态"的复合功能，形成产城乡一体化聚集区。特色小镇在形态上具备独特的风格、风貌、风尚与风情，在机制上采取以政府为主导、以企业为主体、社会共同参与的发展模式。

　　但是，有些地方政府在建设特色小镇的过程中急功近利、急于求成，忽略了特色小镇的内涵和精髓，并没有突出其自身"特色"，不仅造成了资源的巨大浪费，而且给生态环境带来了巨大的破坏和隐患。同时，一些特色小镇出现了房地产化的现象，各地出现了一批造景观、"炒概念"的康养小镇、体育小镇、文旅小镇等，盲目跟风，却并不具备产业基础。为此，国家发展和改革委员会等部门先后印发《关于加快美丽特色小（城）镇建设的指导意见》（2016 年 10 月 8 日）、《关于规范推进特色小镇和特色小城镇建设的若干意见》（2017 年 12 月 4 日）、《关于建立特色小镇和特色小城镇高质量发展机制的通知》（2018 年 8 月 30 日）、《关于促进特色小镇规范健康发展的意见》（2020 年 9 月 16 日）、《关于印发全国特色小镇规范健康发展导则的通知》（2021 年 9 月 30 日），引导特色小镇坚持产业建镇、产业立镇、市场主导等，明确典型特色小镇的条件，要求准确把握特色小镇内涵、注重打造鲜明特色等，纠正特色小镇概念不清、盲目发展及出现房地产化苗头的趋势，形成"产业特而强、功能聚而合、形态小而美、机制新而活的创新创业平台"。

在这样的发展背景下，广东省中山市港口镇坚持创新驱动、开放带动、转型升级、绿色发展等战略，依托其游戏游艺产业基础，大力实施"文化创意名镇"战略，以游戏游艺产业圈打造"有统筹、有技术、有活力、有张力的新型专业镇"。截至2017年，港口镇游戏游艺机的产值已经达到了全国的60%，并占到该类产品出口额的70%，但多数企业仍处于产业链的低端环节，亟须延伸至研发、设计、先进制造与营销等高端环节，提升产业竞争力与综合效益。因此，如何充分利用港口镇在游戏游艺产业方面已有的良好基础，将游戏游艺产业作为特色小镇建设的核心内容与战略目标，成为亟待解决的战略性问题。

本书主要通过行业资料梳理、数据整理分析、同类小镇对比、相关企业调研、业内专家访谈、领导深入沟通等方法与活动，对游戏游艺产业发展进行全景式现状与趋势分析，对港口镇游戏游艺产业进行选择与定位。基于对港口镇规划局、经济和信息化委员会、广东游戏游艺文化产业城、中山市金龙游乐设备有限公司等单位的实地走访以及对广东省内外相关小镇发展情况的分析，本书认为，港口镇游戏游艺产业具有突出的游戏游艺设备生产制造能力，但仍然面临处于价值链低端环节并受到发展规模限制等挑战，所以港口镇需要依托现有基础，整合相关资源，通过"三业两链一核"的发展规划，打造游戏游艺特色小镇。

"三业"是指港口镇要重点发展游戏游艺的内容创意、生产制造、场所经营三种业态；"两链"是指既要形成由上述三种业态构成的主产业链，也要形成各业态自身的次产业链；"一核"是指三种业态和两个链条都以内容创意为核心，统领和引导港口镇游戏游艺产业的总体发展。

发展规划紧密结合项目实际情况，运用相关研究方法与模型，如游戏游艺产业地图分析法、主导产业选择指标体系与矩阵等，形成港口镇"龙头企业—产业链—产业集群—产业基地—创新基地"的发展路径，即"凝聚龙头，崛起新增长极；形成集群，拓展产业链条；深化配套，构筑服务体系；创新提升，打响园区品牌"。将港口镇打造成为具有国际竞争力的游戏游艺特色小镇以及国家新型工业化产业示范基地。

在本书写作过程中，华东政法大学的曲怡颖博士后、苏浩玮学士以及同济大学的郭卓毗博士、唐开翼博士共同参与了调研。调研得到了港口镇人民政府相关部门领导、企业负责人、业内专家的积极配合与指导，在此一并表示感谢！

目　录

1　游戏游艺产业发展现状与趋势分析

2019 年，中国游戏游艺市场增速明显放缓，低于全球各地区平均增速，这是中国游戏产业从国家引导调控到企业自律调整的体现。从广东省的产业调研报告可以看出，① 2019 年广东省游戏营收规模达到 1898 亿元，增幅为 4.8%。其中，移动游戏为 1182.2 亿元，占比达到 62.3%；其他细分行业依次为客户端游戏（513.8 亿元，占比 27.1%）、游戏游艺机（142.5 亿元，占比 7.4%）、网页游戏（50.5 亿元，占比 2.7%）和家用游戏机（9.0 亿元，占比 0.5%）。总体来看，游戏游艺产业全产业链涵盖的范围很广，包括了文学、游戏、动漫、影视等多个具体产业。

1.1　游戏游艺产业地图

产业地图是对产业经济、社会发展数据的解读，是中国社会经济发展数据、产业信息社会化的一种重要形式。梳理特定产业所包含的具体业态内容，依据其上、中、下游的产业链关系以及各具体细分产业的层级，能够形成该产业清晰的结构框架。结合所关注区域、行业内各类企业的信息，形成该产业的布局情况，可以得到较为明确的产业地图，有利于深入研究产业的发展现状与趋势。

---

① 广东省游戏产业协会，http：//www.gegia.cn/portal.php？mod＝view&aid＝727。

1.1.1 游戏游艺产业分类

游戏游艺产业是一种新兴优势产业，涵盖内容创意、产品制造、场所经营三个主体环节，具有软件研发、信息产业、装备制造业、服务业和文化产业等多种产业的综合属性。游戏游艺产业地图总体结构包括四个层级。其中，内容创意产业包括文学、游戏、动漫、影视四个子产业；产品制造产业包括动漫衍生品、游乐设备、VR/AR 设备三个子产业；场所经营产业包括主题公园、会展两个子产业（见图 1-1）。

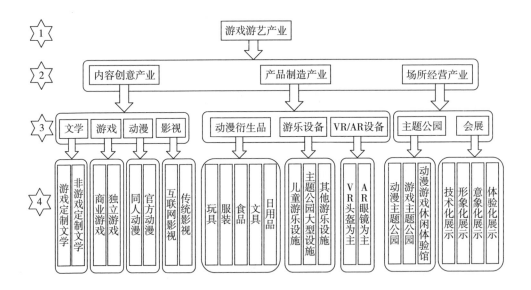

图 1-1　游戏游艺产业地图

1.1.2 游戏游艺产业链结构

依据游戏游艺产业的分类情况，对产业地图第二层级中的每一类子产业做进一步的深入分析，以了解并掌握游戏游艺产业链的具体结构和内容。

（1）文学产业。

文学是游戏题材的主要来源之一，并在互联网时代有了新形式，焕发了新的生命力。从产业链角度来看，文学产业链包括创作、营销、作品（读者）三个环节。其中，创作环节包括内容构思、形成初稿、内容修改等方面；营销环节包括发行渠道选择、商业化包装、出版发行等方面。相比于其他内容形式，游戏类文学具有成本低、创作周期短、商业平台成熟多样等特点。其产品大致分为游戏定制文学和非游戏定制文学两类。

（2）游戏产业。

游戏具有代入感强、形式多样、社交元素丰富等特点。在互联网时代，这些优点得到进一步发扬，游戏产业迎来了一段迅猛持续的大发展浪潮。游戏产业链的上游是游戏设计环节，中游包括游戏研发和游戏营销环节，下游是游戏产品（用户）环节。其中，游戏设计环节包括目标人群调研、游戏元素设计、游戏设计等内容；游戏研发环节包括开发引擎选择、代码编写、游戏运作样片制作、游戏测试、游戏定样等内容；游戏营销环节包括游戏发行、游戏运营等内容。根据开发运营模式，可将游戏分为商业游戏和独立游戏两类。

（3）动漫产业。

动漫产业是极具生机和活力的新兴文化产业。其内涵为：以创意为核心，以动画、漫画为表现形式，包含动漫图书、报刊、电影、电视、音像制品、舞台剧和基于现代信息传播技术手段的动漫新品种等动漫直接产品的开发、生产、出版、播出、演出和销售，以及与动漫形象有关的服装、玩具、电子游戏、主题公园、博览会、虚拟代言人等衍生产品的生产和经营的产业①。从发布渠道、作品性质和是否盈利等方面来看，动漫产业可以划分为官方动漫和同人动漫两类。官方动漫是以官方渠道发布的动漫作品，拥有独立的知识产权，以商品化盈利为目的；同人动漫则没有商业性，并且根据作品创作方式，可以进一步区分为原创同人作品、二次创作作品等。前者是指自主创作的原创内容，作者不主张作品的盈利价值，但可以主张作品的所有权；二次创作作品是直接借鉴官方作品的角色、形象、故事、背景来进行创作的同人作品。总体上，动漫产业的……。动漫内容产业的上游主要是动漫内容创作环节，中游是媒体发行和媒体播映环节，下游是动漫产品（消费者）环节。

（4）影视产业。

影视产业包括以创意产品为核心开发的电影和电视剧两种产品，具有娱乐性

①　参见《国务院办公厅转发财政部等部门关于推动我国动漫产业发展若干问题意见的通知》，2006年。

与商业性。电影产业是指以电影制作为核心，通过电影的生产、发行和放映，以及与电影音像产品、电影衍生品、电影院和放映场所建设等相关的产业经济形态的统称。由于互联网技术的迅猛发展，国内市场对互联网影视的需求日益明显，体现出了互联网产业与影视产业融合的态势。从产业链角度来看，影视产业链的上游是制片环节，中游是发行和放映环节，下游是消费者环节。

（5）动漫衍生品产业。

从产品制造环节来看，动漫衍生品产业是由动漫版权的二次利用形成的衍生品模块，包含玩具、服装、食品、文具、日用品等众多产品在内的间接动漫产品。动漫衍生品也具有相对独立完整的产业链，其上游包括形象授权和设计开发环节，中游包括原材料采购和生产加工环节，下游主要是渠道销售环节。

（6）游乐设备产业。

游乐设备产业是社会物质文明和工业水平发展到一定阶段的产物，具有体验性佳、区域拉动性强等特点。游乐设备总体上可分为儿童游乐设施、主题公园大型设施、其他游乐设施三类。游乐设备产业链的上游包括设计和原材料选择环节；中游主要是生产环节，包括组装生产、代工生产、自主品牌生产等内容；下游是销售环节，包括设备销售、设备安装维修等内容。

（7）VR/AR 设备产业。

VR/AR 设备是游戏等诸多产业未来发展的硬件载体，具有产品开发技术含量高、组装标准化、平台化等特点。VR 设备以头盔形式为主，AR 设备以眼镜形式为主。VR/AR 设备产业链的上游包括芯片、操作系统、显示模块、传感器等环节，中游包括组装生产环节，下游是设备销售环节。

（8）主题公园产业。

从场所经营环节来看，主题公园是一种以游乐为目标的拟态环境塑造，它从游乐园演变而来，其最大特点就是赋予游乐形态以某种主题，围绕既定主题营造游乐的内容与形式。游戏游艺产业之下的主题公园按内容可分为动漫主题公园、游戏主题公园、动漫游戏休闲体验馆三类。主题公园产业链的上游是策划设计，包括主题内容设计、公园功能设计、公园活动策划等内容；中游是建设招商环节，包括公司建设模式、公园招商模式等内容；下游是运营管理环节。

（9）会展产业。

会展产业以专业化和商品化展示为核心内容，具有四类展示路径：一是技术化展示，即运用实体与虚拟技术、展台展具及展示空间技术、表演与演示技术等，进一步强化展示主题、展示产品及其消费主体的技术实用性价值内涵；二是形象化展示，即通过赋予展示主题、展示商品及其消费者以艺术、审美、品牌与身份象征等形象，实现商品与信息价值增值；三是意象化展示，即将社会历史与文化、商品展示相结合，赋予商品以象征性的文化、社会以及政策内涵；四是体验化展示，即通过活动、形象的营造，使参与者获得求新、求异、求奇、求美、求知等方面的满足，而游戏动漫会展恰好为消费者提供了一种体验化路径。游戏动漫会展产业链的上游是设计开发环节，主要涉及主题策划；中游是建设环节，包括基础设施配套设施、招商引资等内容；下游是运营环节。

1.2 国外游戏游艺产业发展现状与趋势

全球游戏市场的玩家数量及游戏用户渗透率稳步提升，主机用户稳定，移动游戏用户稳步提升。

2021 年，全球有近 30 亿玩家，在游戏上的支出总额将达到 1758 亿美元。移动游戏收入将达到 907 亿美元，占全球游戏市场收入的 52%。从全球来看，2019 ~ 2024 年游戏市场将以 +87% 的复合年增长率持续增长，在 2023 年突破 2000 亿美元大关。从全球趋势来看，随着世界各地的游戏平台与商业模型变得更加匹配，游戏市场的全球化正在加速。①

1.2.1 游戏游艺产业发展现状

（1）文学产业。

文学产业数据较难统计，但由于其一般与出版产业正相关，所以可以通过对世界出版产业现状的分析来了解文学产业的发展。从全球出版市场来看，总体集中度较高。2018 年，美国、中国、德国、英国、日本、法国为前六大图书市场，

---

① 资料来源：《2021 全球游戏市场规模及消费者主要分布情况》，Google & Newzoo、智研咨询整理，https://www.chyxx.com/industry/1105994.html。

共占据全球图书市场份额的67%，其中美国和中国的份额分别高达29%和17%（见图1-2）。总体来看，大型出版社的市场份额集中度日益明显。①

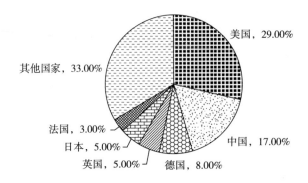

图1-2　2018年全球图书主要市场份额占比情况

目前，世界各国的数字化发展极不均衡，但都在变局中求发展。例如，德国以高品质内容和多元化经营为基础，寻求与传统书业以外的因素相融合，实现跨界的新商业模式；法国民间文学的长期影响力与各大文学奖项的公信力，使文学图书表现最好，并通过大型文化超市的连锁、在线营销推动图书零售业发展；英国、美国通过代销协议提高了电子书价格，促进了纸质书的销售增长；日本通过提供定制化服务的方式增加图书销售；韩国重视主动传播等方式，扩大忠实读者群；澳大利亚实体书店复兴，大型连锁书店销售不断增长，并产生了不少独立书店。

此外，各国的数字化发展极不均衡。在英语国家，大型出版社的电子书市场份额在下滑，英美传统出版市场上电子书收入占比均为17%，而未被统计进去的自助出版电子书市场仍在快速上升；在非英语国家，电子书在整体图书市场的份额均不超过10%，大部分不超过5%，这表明数字化转型还有很大的发展空间。其中，可下载成人有声书在美国实现增长45.9%，这种有声书满足了驾车和乘坐交通出行的读者的需求，因而市场呈现井喷现象。总体来看，全球图书市场进入成熟期后增速逐渐放缓，但中国是增长最快的市场。2016~2018年，图书零售码洋增速维持在10%以上，而美国、德国、英国等均出现负增长或零增长。②

---

① 资料来源：Ruediger Wischenbart，国盛证券研究所。

② 资料来源：《2018-2019年全球及中国图书出版行业发展现状、趋势及未来展望》，产业信息网，www.chyxx.com。

（2）游戏产业。

根据数据及市场调研公司 Newzoo 的研究，[①] 2019 年，全球游戏市场收入达到 1521 亿美元，同比增长了 9.6%。其中，移动端收入为 685 亿美元，占比 45%，而在移动端游戏中，手游收入为 549 亿美元，平板电脑游戏收入为 136 亿美元。2015~2019 年，全球游戏市场的复合年增长率为 6.6%。并且，智能手机平台游戏的增长势头最为强劲。2019 年，手游收入占比已达 35%；2021 年，手游收入在全球游戏市场中占比高达 52%[②]（见图 1-3）。

全球范围内，亚太地区 2021 年的游戏收入为 883 亿美元，占全球游戏总收入的 50.2%。其次是北美洲和欧洲地区，分别占比 24.2% 和 17.9%；拉丁美洲占比 4.1%，中东和非洲则为 3.6%。[③] 2021 年，美国游戏销售收入高达 604 亿美元，是全球游戏收入最高的国家；中国游戏市场收入达到 455 亿美元。

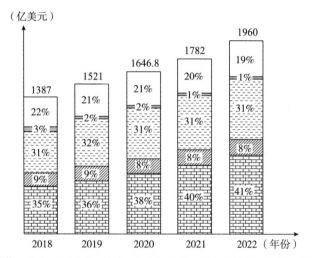

图 1-3 世界游戏收入及其结构占比

（3）动漫产业。

目前，美国、日本、韩国形成世界动漫三足鼎立的格局，英国、法国位列第二

---

① 资料来源：Newzoo，《2019 年全球游戏市场报告》。
② 资料来源：Games Industry 2021 全球游戏市场报告。
③ 资料来源：华经产业研究院整理。

梯队。美国是全球最大的动画生产和动漫产品输出国，包括动漫行业在内的文化成为其六大支柱产业之一。同时，美国也是动漫产业链最完整的国家，动画和衍生品年产值超过2000亿美元，占其文化产业总产值的近1/3。美国动画电影业的繁荣带动了其动漫产业的发展，并不断开发出相关的游戏软件、图书、玩具、服装和装饰品。数据显示，美国动漫网络游戏的产业规模已超过1000亿美元。日本是仅次于美国的第二大动漫生产国，包括动漫产业在内的文化产业是仅次于旅游业的第二大支柱产业。并且，日本漫画类杂志品类众多，占其杂志总发行量的30%左右。在全球电视台播放的动漫节目中，日本原产动漫占比近六成。2013~2018年，日本动画内容发行总收益不断上升，从233亿港元增长至555亿港元，但增速逐渐放缓，2018年同比增长13.7%（见图1-4）。韩国政府十分重视动漫产业，专门成立了"文化产业振兴院"，对动漫产业在政策和财政上给予很大的支持。

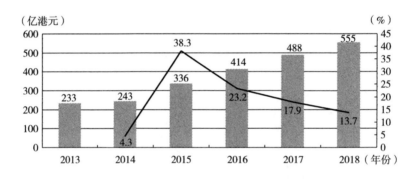

图1-4　2013~2018年日本动画内容发行总收益及增长情况

资料来源：艾媒咨询。

从运作模式看，美国的主流动漫产业采取"迪士尼式"的高科技、高投入、高产出的"动画大片"发展模式。动画片质量高，推出各种大受欢迎的动画电影明星人物，不断开发相关游戏软件、图书、玩具、服装、装饰品甚至旅游项目，丰富了动漫产业链的内容。日本动漫产业完全采取市场化运作，特点是制作生产和营销推广分离，由市场的淘汰筛选机制规避产业风险。如果漫画杂志连载作品反馈较好就会发行漫画单行本，随后进入动画节目制作、影院上映、电视播放、录影带租售、玩具开发、电子游戏、文具、视频、服装、广告、服务等广泛领域，最后将版权输出国外。中国和动漫产业发达国家的情况对比如表1-1所示。

表1-1 全球动漫市场发展情况比较

发展类型	完全市场化	市场主导型		政府主导型
代表性国家	美国	日本	韩国	中国
市场主体	全球性动漫企业	大中小企业并存	中小企业为主	中小企业为主
核心产业链	电影动画片和衍生品为主	动画片、游戏和动漫三位一体	动画片和网络游戏为主	动画片和衍生品为主
起源	动画电影	漫画	游戏	缺少有力起源点
发展程度	成熟	成熟	成熟	起步
国内地位	近百年历史，六大支柱产业之一，其出口额超过汽车业和航空业	已成为其第三大产业	动漫产业链价值超过汽车行业，六大支柱产业之一	提升到国家战略高度，但支柱性地位尚未确立
国际地位	全球第一	全球第二，亚洲第一	全球第三，亚洲第二	—
代表公司	迪士尼、梦工厂	万代、集英社	Sunwoo娱乐、布滋	奥飞动漫、原创动力等
动画产业	电影动画为主，融合高科技电脑制作，成本高昂	大部分由漫画改编，降低成本，共享受众	原创力提升，成为第三大动画片制作及出口国	主要面向低龄消费者，力图向上延伸，版权收入较少，获取政府补贴，成本在上升
衍生品产业	1919年开始商业化，迪士尼衍生品形成多轮效应	制造商市场敏锐度高，衍生品贡献产值超40%	原创形象不断推动衍生品市场扩容	渠道下沉、重整中，开拓新兴渠道，市场规模超200亿元，增速超20%，空间巨大

资料来源：作者整理。

近年来，走向成熟的国际动漫市场呈现出以下积极的发展态势：

1）动漫内容制作国际化，跨国文化和市场的吸引力驱动合作模式升级；

2）知名的动漫形象影响力壮大，商业价值提升，品牌授权市场火热；

3）大型动漫集团逐步推进跨国经营战略；

4）产业链并购使市场集中度上升；

5）技术创新提升内容质量，同时又放大中下游的市场效应。

（4）影视产业。

2010~2018年，全球电影票房收入虽然总体保持增长趋势，但增速呈波动变化。根据美国电影协会数据，2017年，在中国电影市场回暖等因素的影响下，全球电影票房收入为 405 亿美元，较 2016 年增长了 4.4%，增速有明显提升；2018 年，尽管全球电影票房收入再创新高，但增速再次下滑至 1.5%（见图 1-5）。

2018 年，亚太地区电影市场票房为 167 亿美元，同比增长 4.38%，为全球第一大票房市场；而昔日电影主力市场北美地区取得票房 119 亿美元，屈居第二。事实上，自 2013 年后，北美地区票房几乎处于停滞状态，欧洲、中东和非洲的电影票房在波动向下，而中国、俄罗斯等新兴电影市场成为全球电影票房增长引擎，促使亚太地区于 2013 年首次超越了北美和欧洲、中东和非洲地区，成为全球最大票仓。而拉丁美洲地区尽管近年来增长迅速，但由于市场规模较小，在全球电影业中仍处于从属位置。

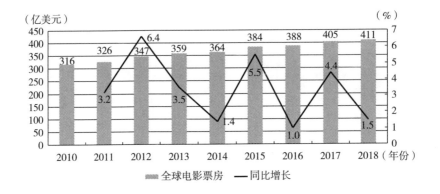

图 1-5 2010~2018 年全球电影市场票房和同比增长情况

资料来源：美国电影协会。

在全球范围内，美国曾一直保持第一大票房的地位，中国自 2012 年起便取代日本成为全球票房第二大国家。2019 年，全球电影票房收入达到历史最高水平，为 425 亿美元，其中，美国的票房收入为 114 亿美元，中国票房收入为 93 亿美元，并有望超越北美成为全球最大电影票房市场。受到新冠肺炎疫情影响，2020 年，世界电影票房收入仅 115 亿美元，同比下降 72.9%，中国总票房以 27 亿美元居第一位。2021 年，全球票房回升至 213 亿美元，同比上升 85.2%，中国以 73 亿美元连续两年成为全球最大电影市场。[1] 日本在 2015 年跌到第四后，

---

[1] 彭侃：世界主要国家和地区 2021 年电影市场表现，电影艺术，2022 年第 2 期。

2016~2021 年重回前三，2021 年票房收入为 14.2 亿美元（见图 1-6）。

（亿美元）

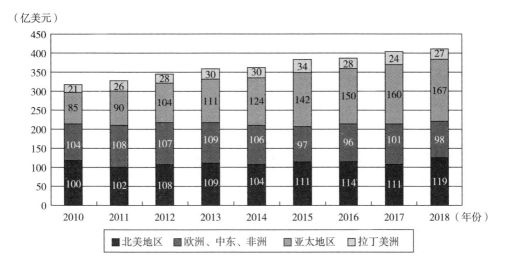

图 1-6　2010~2021 年全球电影票房区域分布情况

资料来源：美国电影协会。

从数字银幕数量来看，2014 年以来全球数字银幕数量持续增长，由 2014 年的 12.7 万块上升至 2018 年的 18.2 万块，并于 2021 年末达到 20.8 万块。其中，2021 年，3D 数字银幕为 12.6 万块，占数字银幕总额的 60.6%，而亚太地区为 8.4 万块，占比为 66.8%。

（5）动漫衍生品产业。

动漫衍生品是指利用卡通动漫、网络游戏、手游中的原创人物形象，经过专业设计开发制造出的一系列可供售卖的服务或产品。例如，音像影视、书籍小说、游戏玩具、动漫形象模型、服饰、饮料、文具等都能开发成动漫衍生品。并且，可以形象授权方式衍生到更广泛的领域，包括主题餐厅、主题公园等旅游产业及服务行业等。根据 LIMA 国际授权业协会报告，2019 年全球授权商品和服务的销售收入达到 2928 亿美元，较 2018 年同比增长 4.5%（见图 1-7）。其中，北美占据全球市场份额的 58%，成为最大授权市场，其后是英国、日本、德国和中国；而南亚增速高达 6.3%，成为增长最快地区（见图 1-8）。从具体品牌类别来看，迪士尼是全球最大的授权品牌，2019 年其营业收入达到 547 亿美元，远超其他品牌授权公司。

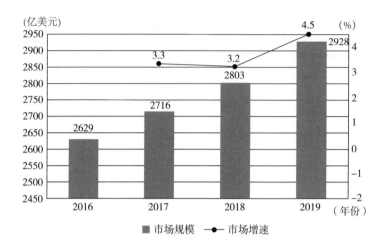

图1-7 2016~2019年全球授权商品和服务的销售收入情况

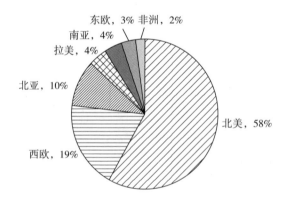

图1-8 2019年全球授权商品和服务收入结构

从衍生品类型来看，2017年，娱乐/角色授权是最大的行业类别，零售额达到1215亿美元，占全球授权商品零售总额的44.7%。此外，企业/品牌商标授权零售额为558亿美元，占比为20.5%；时尚授权零售额为321亿美元，占比11.8%；体育授权零售额为265亿美元，占比9.8%（见图1-9）。从授权商品类别来看，2017年授权零售额排名前三位的类别分别是服装（15.0%）、玩具（13.3%）和时尚配饰（11.4%）。

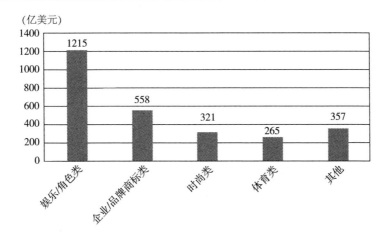

图1-9 2017年各类衍生品市场零售额

（6）游乐设备。

游乐设备产业是社会物质文明和工业水平发展到一定阶段的产物，1955年美国迪士尼乐园的出现使得游乐设备产业进入了一个全新的发展阶段。有关调查显示，2021年全球游乐设备市场销售额达53亿美元，其中，中国大型游乐设备行业生产总值达8500亿元，同比增长高达18.6%，大型游乐设备行业市场需求旺盛。[①]

美国和欧洲地区是世界游乐设备产业最发达的地区之一，拥有Zamperla、HUSS、Gerstlauer等一批世界领先的游乐设备生产企业。经过多年发展，美国和欧洲地区游乐设备产业已经发展成熟，从游乐园建设到游乐设备零部件都形成了完整的供应和销售体系。从技术角度来说，美国和欧洲地区的游乐设备也一直走在世界前列。许多大规模的游乐设施均来自美国和欧洲地区的企业。

日本是亚洲游乐设备产业的领导国。由于日本游乐产业发达，游乐设备的生产和销售也得到很大推动。但由于土地紧张，日本的游乐设备市场主要还是倾向于中小型游乐设备，尤其是电子游乐设备在日本拥有很大的市场。此外，日本还是世界电子游乐产品的主要出口国之一。

总体来看，国际游乐设备市场需求旺盛。近年来，除美国、西欧和日本市场外，中东、澳大利亚、东欧、南美等地游乐设备的市场需求增速很快，非洲和东

---

① 资料来源：游乐设备行业市场分析，易普咨询，https：//baijiahao.baidu.com/s?id=17329648458 99536684&wfr=spider&for=pc。

南亚的市场需求更是高速增长。庞大的游乐市场需求，将推动与之相配套的硬件产品和设备需求成倍增长。从游乐行业整体发展趋势来看，大型游乐设施应用领域将不再局限于现阶段的传统游乐场、主题公园，随着城市综合体项目的不断发展，与城市综合体相结合的大型游乐设施将成为未来的重要市场需求点。

（7）VR/AR 设备产业。

VR（Virtual Reality）是指利用计算机技术模拟产生一个为用户提供视觉、听觉、触觉等感官模拟的三维虚拟世界，用户借助特殊的输入/输出设备，可与虚拟世界进行自然交互。AR（Augmented Reality）是一种通过实时计算影像位置及角度，生成相应虚拟场景的技术，这种技术可以通过全息投影，在镜片的显示屏幕中将虚拟世界与现实世界叠加，且操作者可以通过设备进行互动。随着 5G 来临，VR/AR 产品在数据传输方面的应用障碍得以克服，用户的产品体验显著提升，从而推动 VR/AR 市场的发展和成熟。

总体上，VR 市场的发展具有三个主要阶段：一是探索期（1988～2013 年），其中，1995 年任天堂发布了 VR 概念机；二是市场启动期（2014～2017 年），其中，Oculus、HTC 发布了消费级 VR；三是高速发展期（2018 年至今），其中，2018 年硬件产业链逐渐成熟，软件配套逐渐完善，内容不断丰富。同时，市场规模持续增长，新的商业模式不断涌现。下一阶段，市场中的产品将充分渗透，市场充分竞争，从而步入应用成熟期。

资料显示，2019 年，全球 VR 市场规模达到 1000 亿元左右，同比增速超过50%，其中，中国 VR 市场规模 310.2 亿元，同比增长 36.35%。2021 年，全球AR/VR 头显出货量达到 1123 万台，同比增长 92.1%。其中，VR 头显出货量达1095 万台，突破年出货量 1000 万台的行业重要拐点。[①] "十四五"期间，中国AR/VR 市场复合年均增长率预计将达 43.8%，增速位列全球第一。[②]

VR 设备的输出设备包括 PC 端显示头戴和移动端显示头戴，均在 2016 年上市。VR 设备的输入设备包括头部追踪器、眼部追踪器、触控按钮、VR 手套、计算机视觉的手势输入设备等。在 AR 方面，随着大量资金注入 AR 项目及 AR 创

---

① 资料来源：《2021 年全球 VR 头显出货量破千万》，央广网，https://baijiahao.baidu.com/s？id=1728900114870656835&wfr=spider&for=pc。

② 资料来源：《中国领跑 AR/VR 增势 联想集团深耕产业赋能》，凤凰网，http://biz.ifeng.com/c/8GiCEKGPwdW。

业公司，尤其是随着谷歌、佳能、高通、微软等大公司的入场，第一批消费级
AR 产品已经涌现。随着实际商业利益的出现，AR 将成为消费、医疗、移动、汽
车以及制造市场中的颠覆性新产品。

（8）主题公园产业。

自从 1955 年迪士尼公园诞生后，主题公园便开始迅速发展。半个世纪后，
世界上共建成了 200 多个大型主题公园和上千个中型主题公园，累计吸引了十亿
多游客，带来巨大的经济收入。世界大型主题公园多分布在美国及日本等发达国
家和地区，游客数量多，并且发展迅速（见表 1-2）。2018 年，全球十大主题公
园集团客流量都有不同幅度的增长，其中迪士尼集团游客总量最为突出，是第二
名默林娱乐集团游客量的两倍多（见图 1-10）。中国三大主题公园集团增长幅度
最大，超过了 9%。

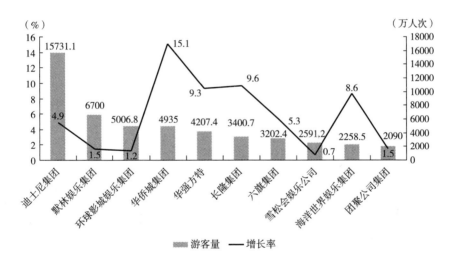

图 1-10 2018 年全球十大主题公园集团客流量及增长率

资料来源：主题娱乐协会 TEA，AECOM，艾媒数据中心。

表 1-2 2018 年全球娱乐/主题公园游客量排行榜（TOP25）

排名	公司名称	所在地	游客量（万人次）	增长率（%）
1	迪士尼魔法王国	美国，佛罗里达州	2085.9	2.0
2	加州迪士尼乐园	美国，加利福尼亚州	1866.6	2.0

排名	公司名称	所在地	游客量（万人次）	增长率（%）
3	东京迪士尼乐园	日本，东京	1790.7	7.9
4	东京迪士尼海洋公园	日本，东京	1465.1	8.5
5	日本大阪环球影城	日本，大阪	1430	-4.3
6	迪士尼动物王国	美国，佛罗里达州	1375	10.0
7	迪士尼未来世界	美国，佛罗里达州	1244.4	2.0
8	上海迪士尼乐园	中国，上海	1180	7.3
9	迪士尼好莱坞影城	美国，佛罗里达州	1125.8	5.0
10	长隆海洋王国	中国，珠海	1083	10.6
11	奥兰多环球影城	美国，佛罗里达州	1070.8	5.0
12	迪士尼加州冒险乐园	美国，加利福尼亚州	986.1	3.0
13	巴黎迪士尼乐园	法国，马恩拉瓦	984.3	1.9
14	奥兰多冒险岛乐园	美国，佛罗里达州	978.8	2.5
15	好莱坞环球影城	美国，加利福尼亚州	914.7	1.0
16	香港迪士尼乐园	中国，香港	670	8.1
17	首尔乐天世界	韩国，首尔	596	-11.2
18	长岛温泉乐园	日本，三重县	592	-0.2
19	韩国爱宝乐园	韩国，京畿道	585	-7.3
20	香港海洋公园	中国，香港	580	0.0
21	欧洲主题乐园	欧洲，鲁斯特	572	0.4
22	埃夫特林主题公园	荷兰，卡特斯维尔	540	4.2
23	巴黎华特迪士尼影城	法国，巴黎	529.8	1.9
24	趣伏里主题公园	丹麦，哥本哈根	485	4.5
25	长隆欢乐世界	中国，广州	468	11.9

资料来源：国际主题娱乐协会，中国产业研究院整理。

美国的主题公园业在世界上一直拥有领先和主导地位，在自身发展的同时，也向其他国家和地区输出其主题公园旅游产品。美国的主题公园主要分布在加州的洛杉矶和佛罗里达州的奥兰多这两座城市及其周边。除迪士尼外，环球影城也是闻名于世的美国大型主题公园。它以著名电影为背景主题，广泛使用高科技成分并借用著名电影的场景和特技，给游客带来新奇刺激的感官体验，并更重视开发度假功能。此外，仅在加州就还分布着圣地亚哥海洋世界、六旗魔术乐园、加州乐高乐园等一系列主题公园，形成了完整的主题公园产业集群。美国主题公园业以其独特的主题创意、完善的游乐设施、精致的园区建设、丰富的游乐活动，引领着世界主题公园业的发展。

欧洲主题公园业融合了欧洲各个时期的文化特色和民族特点，多分布在人口集中并且经济发达的国家，如德国、法国、英国等。近几年，东欧和南欧的主题公园也在不断发展。早在2003年，欧洲主题公园的数量超过300个，其中，大型主题公园共有21个。但是，欧洲居民更喜欢出国游玩，对于主题公园的认同率并不高，仅有16%的居民曾经游览过主题公园，大大低于美国36%的比率。同时，欧洲居民在主题公园游览的时间较短，平均为2~6小时，人们更倾向于假日短期休闲旅游。

亚洲的主题公园起步较晚，亚洲最早的主题公园诞生在日本，但凭借其巨大的市场和快速的发展，已经成长为仅次于北美的世界第二大主题公园市场。2018年，亚洲最受欢迎的20家主题公园整体入园人次上涨3.6%。在2018年亚太地区主题公园游客量TOP20排行榜中，排名前三位的都是日本的主题公园。其中，东京迪士尼乐园以1790.7万的游客量高居榜首，相比2017年的游客量增长了7.9%。中国内地数个主题公园入园人次大幅增长，在排名前20大主题公园中，有14家公园所在地位于中国，占据了70%。① 韩国以及中国香港的主题公园进入了高速发展阶段，而中国大陆主题公园的发展则处于快速变化之中。东南亚地区的主题公园以民俗文化及风土人情为主要内容，虽然规模不大，但独具特色。

（9）会展产业。

根据国际展览联盟（Union of International Fairs，UFI）的报告，对会展产业每投入1美元，就可以从其他产业获得8~10美元的利润。2018年，全球约有3.2万个展览会，接待了180个国家的3.03亿观众和450多万个参展商。欧洲地区是会展产业最大的国际市场，其次是亚洲地区和美国。这主要是因为有60%的国际会议是在欧洲举办的，18%是在亚洲举办的。同时，国际展览的总产值是705亿美元，而欧洲以57.5%的占比排名第一，亚洲则占比21.2%。但是，在国

---

① 资料来源：《2018年亚太地区主题公园游客量排行榜》，中商情报网，https：//baijiahao. baidu. com/s？id=1638547673643916598&wfr=spider&for=pc。

际会议和国际展览方面，亚洲地区的增长率均是欧洲地区的两倍，这说明亚洲地区的会展市场空间正在逐渐增长，具有高潜力的投资机遇。具体而言，在亚洲地区最具代表性的国家或地区是韩国、中国澳门、新加坡和泰国。其中，韩国和中国澳门主要是娱乐场和赌场；新加坡是整合城市模式，包括展示厅、会议中心、旅游酒店、娱乐场；泰国是组合创造模式。

在动漫游戏展会方面，2019年，世界范围内较知名的动漫游戏展会情况如表1-3所示。

表1-3　2019年世界范围内部分知名动漫游戏展会

序号	展会名称	举办地点	举办时间
1	西班牙马德里国际动漫展	马德里 IFEMA	2019年10月18~20日
2	德国莱比锡模型和游戏展	莱比锡会展中心	2019年10月3~6日
3	美国纽约动漫展	纽约贾维茨会展中心	2019年10月3~6日
4	法国昂西国际动画电影节	昂西	2019年10月3~6日
5	日本游戏展	幕张展览馆	2019年9月12~15日
6	德国科隆游戏展	科隆会展中心	2019年8月20~24日
7	韩国首尔动漫展	首尔 COEX 会展中心	2019年7月10~14日
8	中国香港动漫电玩节	中国香港会展中心	2019年7月26~30日
9	美国圣地亚哥动漫展	圣地亚哥会议中心	2019年7月18~21日
10	美国洛杉矶游戏展	洛杉矶会议中心	2019年6月11~13日
11	英国游戏博览会	伯明翰 NEC+HILTON	2019年5月31日~6月2日
12	波兰华沙动漫展	华沙 Ptak Warsaw Expo	2019年5月31日~6月2日
13	英国伦敦国际动漫展	伦敦 Excel 展览中心	2019年5月24~26日
14	西班牙巴塞罗那动漫展	巴塞罗那 Montjuic 会展中心	2019年4月4~7日
15	日本东京国际动漫展	东京国际会展中心	2019年3月21~24日
16	中国香港国际授权展	中国香港会展中心	2019年1月7~9日
17	中国台湾电玩展	中国台湾台北世贸馆	2019年1月24~28日
18	法国安古兰漫画家	安古兰	2019年1月24~27日

资料来源：根据公开资料整理。

总体来看，国际会展行业具有以下发展特征：

1）欧美领先，重心向新兴市场转移。发达国家由于具有较强的综合经济实力，在会展业中处于主导地位，尤其欧美等国家是会展强国。随着亚非拉等新兴市场经济的快速发展，国际会展产业逐渐向发展中国家转移。目前，中国作为会展新兴大国，已经成为仅次于德国的世界会展业中心。

2）品牌效应突出，信息化趋势明显。发达国家主要会展地区已经形成国际知名品牌，有利于展览效果与直接经济效益的提升，展会大型化、集团化、品牌化成为国际会展业的发展趋势。并且，通过全球网上业务信息系统，建立以客户关系管理为基础的网络数据互动平台，助力品牌营销。

3）人工智能融合，精准应用对接。人工智能技术延伸到几乎所有的行业会议，融合发展前景良好。人工智能技术将在迎宾、会议主持和讲解、在线登记和数字化导览等方面得到更多应用，机器和人交互产生的数据可以形成 AI 服务平台。例如，建立"会展+"产业发展分析系统，可以在国家或者城市圈范围内，针对产业发展情况、龙头企业与产业相关会展信息情况等进行分析。同时，可建立会展管理系统，对会展项目、国内会展城市进行对比分析，并对相关产业链与消费数据进行统计等。

1.2.2　游戏游艺产业发展趋势

（1）文学向定制化、网络化、扁平化方向发展。

（2）游戏产业向移动化、多样化、VR/AR 化、体感化方向发展。

（3）动漫内容制作国际化、技术创新提升内容质量、动漫形象影响力提升、品牌授权市场需求旺盛、大型动漫集团逐步推进跨国经营战略、产业链并购带来市场集中度上升。

（4）40 岁以下观众是电影市场主要群体，占电影受众的 85.5%，其中，20~29 岁观众占比达到 37.3%，并且通常也是每年观影人数增长速度最快的电影受众。

（5）动漫衍生品零售市场销售渠道网络化，O2O 模式成为吸引消费者的新增长点，授权费上升是市场销售收入增长的重要原因。

（6）游乐设备产业向景观化、体验化、休闲化方向发展。

（7）VR/AR 设备产业向轻量化、智能化、人性化方向发展。

（8）主题乐园已呈现出与文化产业、房地产业、住宿业、度假疗养产业、商业等融合发展的趋势。

（9）在会展产业链内企业的协同配合度提升，充分整合政府资源并向文化、旅游、动漫、游戏等产业链拓展与融合。

1.3 国内游戏游艺产业发展现状与趋势

中国近年来在游戏游艺产业方面总体呈现快速增长的态势，在产业规模、企业实力、客户群体等方面都具有较大的发展空间，在全球市场中的地位逐渐上升。并且，在信息技术迅猛发展并与产业融合加深的情况下，推动游戏游艺各细分产业转型升级。

1.3.1 文学产业

2016~2019 年，中国图书零售销售码洋从 701 亿元增长至 1023 亿元，增速最高达到 14.60%，是全球图书市场中增速最快的国家。2020 年，受新冠肺炎疫情影响，中国图书零售码洋规模首次出现负增长，规模为 971 亿元，同比下降 5.1%（见图 1-11）。其中，网上书店持续保持 20% 以上的增长幅度，呈现快速增

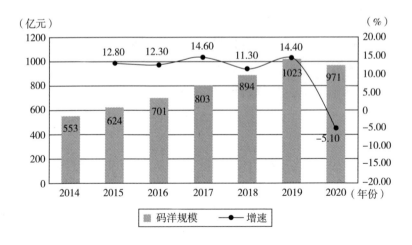

图 1-11 中国图书零售市场码洋规模及增速

长的态势。2020 年，中国图书零售线上市场码洋规模为 767 亿元，同比增长 7.3%。① 另外，中国网络文学市场规模不断增长，2019 年达到 185 亿元，2020 年达 249.8 亿元，网络文学用户规模达 4.60 亿人，日均活跃用户约为 757.75 万 人（见图 1-12）。② 但目前大多数网络文学集团都拥有独立的 IP 衍生合作部门， 盈利模式也从单纯依靠用户付费转变为影视内容生产和用户付费并存的多元盈利 模式。

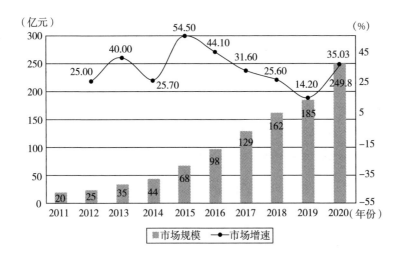

图 1-12 中国网络文学市场规模

从投融资轮次来说，网络文学投融资轮次中战略融资事件数量占比达到 28.6%。中国网络文学市场步入成熟期，文学阅读融资轮次趋向于中后期布局。 2019 年，在中国文学阅读融资事件中，天使轮、Pre-A 轮均占 14.2%，而股权融 资占 43.0%，战略融资占 28.6%。③

从出版市场的集中度来看，国外市场集中度明显高于国内。按照营业收入排 名，2017 年全球 TOP5 的出版集团分别为培生、励讯、汤森路透、贝塔斯曼和威 科，营业收入分别为 50.77 亿欧元、46.91 亿欧元、41.16 亿欧元、35.48 亿欧元

---

① 资料来源：智研咨询，https：//www.chyxx.com/industry/202101/926193.html。

② 资料来源：2020 年中国网络文学市场规模达 249.8 亿元，光明网，https：//m.gmw.cn/baijia/ 2021-10/14/35233143.html。

③ 资料来源：2019~2020 年中国网络文学行业融资数据及典型企业案例分析，艾媒数据中心。

和 33.42 亿欧元。中国出版行业竞争格局则相对分散，主要分为部委社、省出版集团、城市社、大学社、民营出版公司等不同类型。但整体而言，国内出版行业市场集中度较低，单一出版社市场占有率基本均在 1% 以下，2018 年，CR10 市场占有率仅 16.65%（见表 1-4）。

表 1-4   2018 年图书市场出版社码洋占有率

名次	出版社名称	码洋市占率（%）
1	北京联合出版有限责任公司	2.62
2	中信出版集团	2.47
3	世界图书出版有限公司	2.08
4	机械工业出版社	1.53
5	商务印书馆有限公司	1.45
6	人民文学出版社有限公司	1.38
7	人民日报出版社	1.36
8	外语教学与研究出版社	1.28
9	湖南文艺出版社有限责任公司	1.26
10	教育科学出版社	1.22
CR10		16.65

网络文学经十余年沉淀已成为 IP 内容孵化器。网络文学 IP 的实质就是指拥有一定价值基础并且有能力超越媒体平台进行多种形式开发的优质内容的版权，其中开发形式包含影视、游戏、动漫、周边衍生品等。自 1998 年起，中国网络文学开始萌芽；1999 年首部网络文学作品《第一次亲密接触》纸质版出版；2005 年起，开始出现由网络小说改编的游戏和影视剧，也有由传统小说改编的新版网络文学；2011 年，盛大文学有约 40 部小说经改编并进行版权转让；2013 年，网文 IP 被游戏商疯抢，以页游、手游的形态登屏；2015 年，IP 运营进入元年，文影视游多点联动成为行业发展趋势；2017 年，阿里文学举办"文学超级 IP 专场发布会"，提出"3+x"的 IP 孵化方法论，旨在通过科技创新的方式系统化运营，输出精品 IP。同年，网易文漫提出聚焦现实类题材作品，继续发挥文学

和漫画的联动优势。中国网络文学用户数量也逐年递增，使用率常年占网民总数量的40%~45%。第十六次全国国民阅读调查结果显示，手机和互联网成为每天接触媒介的主体，纸质书报刊的阅读时长均有所减少。

我国当前的文化产业政策加强了对版权的保护，为文学产业发展提供了较好的法律环境。目前，文学版权相关的法律和行政法规有《中华人民共和国著作权法》《中华人民共和国著作权法实施条例》《信息网络传播权保护条例》《互联网著作权行政保护办法》《中华人民共和国公共文化服务保障法》等。2016年7月开始的"剑网2016"专项行动，将整治重点放在未经授权非法传播网络文学、新闻、影视等作品的侵权盗版行为上。同年11月，国家版权局发布了《关于加强网络文学作品版权管理的通知》，进一步明确了通过信息网络提供文学作品以及相关网络服务的网络服务商在版权管理方面的责任义务，细化了著作权法律法规的相关规定。

当前文学创作准入门槛低，收入水平尚可。网易云阅读调查数据显示，网文作家人群在性别和地域分布上表现出了明显的差异，男性作者占到67.87%，广东、江苏、浙江三地作者占到总人数的一半，"85后"和"90后"的年轻群体成为当下网文创作的主力军，而单身人士占了网文作者的半数以上。70%的作者都是白天上班，空余时间从事创作工作。他们之中绝大部分都与各大网络文学平台正式签约，能够享受正规平台的福利和版权保护，其中，阅文、掌阅、网易云阅读位居作者心目中最好的网文平台前三甲。在收入方面，近20%的作者可以通过"码字"获得平均上万元的月收入，其中15%的作者最高可以收获2万~3万元的收益。在题材方面，玄幻、言情主题热度最高，现实题材紧随其后，这也与当下影视化和游戏化IP开发现状不谋而合。

文学产业的发展趋势如下：

一是，数字阅读行业市场规模快速增长；二是，移动阅读以其便捷、碎片化等特征成为数字阅读的主流发展模式；三是，版权保护机制优化，内容制胜，网络作家的版权收入得到保障；四是，文学IP开发与运作规模提升迅速。

1.3.2 游戏产业

在我国消费升级和国家政策转暖的双重利好下，游戏产业近年来实现了高速发展，实际销售收入增长率均显著高于当年我国 GDP 的增长率，说明游戏市场发展潜力巨大。2019 年，中国游戏行业市场规模达 2308.8 亿元，同比增长 7.7%；中国游戏用户数达 6.4 亿人，同比增长 2.5%。游戏行业增速从 2017 年的 23.0% 下降至 2018 年的 5.3%，显著放缓。其中，国内游戏企业通过深耕自主研发，探索新的发展模式和途径取得较快增长。2019 年，中国自主研发游戏在国内市场实际销售收入达到 1895.1 亿元，同比增长 15.3%。同时，中国自主研发游戏海外市场实际销售收入达 115.9 亿美元，同比增长为 21%。2011~2018 年中国游戏市场规模如图 1-13 所示。

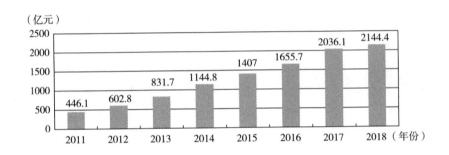

图 1-13　2011~2018 年中国游戏市场规模

资料来源：华经情报网，https://www.huaon.com/story/398178。

2008~2019 年，我国游戏用户规模从 0.67 亿人增加到 6.4 亿人，在世界游戏市场的地位从边缘成为核心。该过程可分为三个阶段：一是 2009~2011 年的爆发增长期，我国游戏用户规模增长率保持在 68.5% 以上；二是 2012~2013 年的高速增长期，游戏用户规模增长率回落并保持在 20.6% 以上；三是 2014 年至今的稳定增长期，游戏用户规模增长率稳定在约 4%。同时，2014~2019 年我国游戏实际销售收入增长率高于游戏用户规模增长率，表明我国游戏营业收入已经告别了依托人口红利的阶段。

当前，移动游戏已经成为我国游戏市场的主要形式。2019 年，移动游戏市场规模达到 1513.7 亿元，占比达到 68.6%，同比增长 13.0%，成为份额最大、增速最快的细分市场。移动游戏用户能多年保持快速增长有多方面因素，如游戏类型不断丰富、行业门槛低、智能手机普及、网络优化等。

游戏产业的发展趋势如下：

（1）云游戏将进一步打开市场空间。云游戏是指绝大部分运算工作由云端服务器负责，用户不受设备限制，即点即玩的游戏。云游戏将是5G商用建设推动较为明显的市场之一。目前，国内各类厂商积极参与布局，使云游戏的市场空间持续拓展。

（2）产业合作持续加深。随着移动游戏产业不断成熟，主流游戏厂商在战略布局下逐渐形成差异化竞争优势，并以此为基础积极展开产业合作，以形成优势互补的深度合作关系。目前，通过相互投资、战略合作、共同投资、IP授权、产业联盟等方式，产业合作的格局正在形成。

（3）市场将进入生态竞争时代。在移动IP游戏不断发展的背景下，领先移动IP游戏厂商持续扩大其生态布局，从移动游戏主营业务出发，加强IP联动，基于多业务、多产品、多厂商布局文化创意产业，并通过提升在IP联动中的主导作用来获取更大的发展空间。

（4）独立游戏成为市场的新风口。独立游戏是由个人或小型游戏开发工作室制作的游戏，没有出版商的经济援助。调查显示，有59%的工作室仅由2~5人组成，而49%的工作室建立时长小于两年。① 目前，绝大多数的独立游戏都会把成品登陆到不同的平台，甚至和发行商进行合作。2018年，国内独立游戏用户数量增长到2亿人，市场规模达到2亿元，国内游戏用户对于独立游戏的关注度日益提高。

1.3.3 动漫产业

中国动漫产业的发展大致经历了三个时期：一是1976~1989年的恢复发展期，该时期中国出产219部动画片，使中国动画出现生机，但同时国外动画片涌向中国市场并带来冲击，造成了中国动画产业商业化运作濒临崩溃。改革开放后，虽然动画片生产得到较快发展，但沦为外包基地，原创动画发展滞后。二是1990~1999年的代工生产期，该时期采取承接外包和大力发展动画系列并进的方针，开始承接美国、日本、韩国的动画外包，中国动画试图向市场化转型。三是2000年以后的原创发展期，政府大力鼓励发展原创动画，依托新媒体推动动漫

---

① 资料来源：伽马数据，《2018年独立游戏发展状况报告》。

产业走向市场化和国际化，把"动漫产业大国、强国"作为发展目标。

根据艾瑞咨询研究数据，2018年，中国动漫行业总产值达1712亿元，2020年达到2140亿元①。随着青少年物质生活水平的提高，以及二次元文化等在中国的广泛传播，2018年，中国泛二次元用户的规模已达3.5亿人，在线动漫用户规模达2.1亿人，庞大的用户规模为中国动漫产业的发展带来了巨大的市场（见图1-14）。②

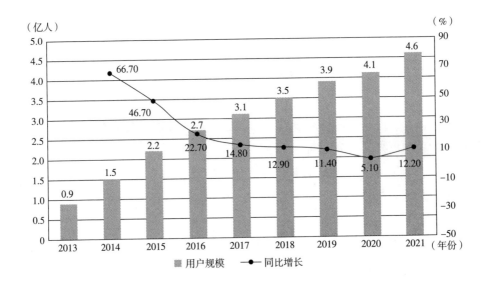

图1-14　中国泛二次元用户规模及增长率

中国电视动画产量曾在2011年达到世界第一，时长超过26万分钟，但从质量上来看，精品不多，大多数动画制片企业都是以拿到政策补贴为目标。因此，2012年以来，电视动画生产总时长逐年下降，2018年降至8.6万分钟。同时，随着互联网渠道的兴起，越来越多的用户选择通过网络观看动画视频节目。2018年，中国网络视频用户规模达到6.12亿人，同比增长5.7%。目前，动漫产业链的上游是内容方，主要包括可供改编动画的网文IP和动漫IP提供方以及原创动画公司；中游是渠道发行方，动画的主要播放渠道包括网络视频播放平台、电视

---

① 资料来源：智研咨询，https：//www.chyxx.com/industry/202102/933598.html。
② 资料来源：艾瑞咨询，《2019年中国动画行业研究报告》。

台以及电影院线等；下游则是基于 IP 的衍生开发公司，包括 IP 授权代理公司、衍生开发公司，而衍生品则包括影视、游戏、玩具、服装、主题公园等。中国目前的动漫市场大多是以互联网平台为核心，集聚 IP 创作方和消费衍生方；核心的盈利渠道是以授权、自主开发等形式进行游戏、影视剧、网络大电影、网剧、衍生品的产品开发，获取行业外的收入。在以平台为核心的运作模式中，资本助力快速增长的红利曾为公司带来巨额利润，但 IP 创作方更加依附于平台，其产业话语权进一步弱化。

国内动漫产业的发展主要得益于国家利好的动漫产业政策，使原创动漫产业呈现持续快速发展的态势。从 2005 年起，国家正式出台一系列动漫产业支持政策，从构建国产动画片播映体系、培育影视动画交易市场、限制播放海外动画、推进动漫产业基地建设、鼓励不同经济成分共同参与动漫产业开发与经营等多个层面推进动漫产业的市场化与国际化（见表 1-5）。

表 1-5 我国动漫产业相关政策

年份	发布单位	政策名称	具体内容
2019	国务院办公厅	《文化体制改革中经营性文化事业单位转制为企业的规定》《进一步支持文化企业发展的规定》	鼓励有条件的文化企业利用资本市场发展壮大，推动资产证券化，充分利用金融资源
2018	财政部、国家税务总局	《关于延续动漫产业增值税政策的通知》	动漫企业增值税一般纳税人销售其自主开发生产的动漫软件，对其增值税实际税负超过3%的部分，实行即征即退政策
2017	文化部	《文化部"十三五"时期文化发展改革规划》	推动中国国际动漫游戏博览会等重点展会市场化，支持原创动漫创作生产和宣传推广
2015	文化部	《2015 年扶持成长型小微文化企业工作方案》	重点扶持成长型小微文化企业
2014	文化部	《关于贯彻落实〈国务院关于推进文化创意和设计服务与相关产业融合发展的若干意见〉的实施意见》	扶持内容健康向上、富有创意的优秀原创动漫产品的制作、生产、传播、消费

年份	发布单位	政策名称	具体内容
2012	文化部	《"十二五"时期国家动漫产业发展规划》	明确"十二五"期间,将着力打造5~10个知名国产动漫品牌和骨干动漫企业
2011	文化部、财政部、国家税务总局、海关总署	《动漫企业进口动漫开发生产用品免征进口征收的暂行规定》	对经认定的动漫企业进口动漫开发生产用品实施免征进口税收政策,免税税种包括进口关税及进口环节增值税
2009	国务院	《文化产业振兴规划》	动漫产业要着力打造深受观众喜爱的国际化动漫形象和品牌,支持动漫等文化产业进入国际市场
2008	国家广电总局	《广电总局关于加强电视动画片播出管理的通知》	自2008年5月1日起,全国各级电视台所有频道不得播放境外动画片的时段,由17:00~20:00延长至17:00~21:00
2008	文化部	《关于扶持我国动漫产业发展的若干意见》	扶持民族原创,推进传统动漫产业升级,延伸产业链条,引领动画制作逐渐从量向质进行升级转型
2006	国家广电总局	《广电总局关于进一步规范电视动画片播出管理的通知》	每天17时至20时,禁播国外动漫节目,且每日全国动漫播出总量中,国产动漫比例不低于70%
2005	国家广电总局	《关于促进我国动画创作发展的具体措施》	扶持国产动画,鼓励在黄金时段播放优秀国产动画

资料来源:笔者整理。

目前,中国动漫产业创作水平、技术质量不断提高,产业结构基本形成,产业链条开始完善,呈现迅猛发展态势。另外,随着二次元文化的泛化发展以及其主力用户群体消费能力的提高,二次元视频产业将呈现出巨大的发展潜力。2019年中国二次元用户规模约为3.32亿人,2021年达到4.6亿人。[①] 二次元视频行业正在经历纵深发展的关键时期,一方面要满足硬核二次元玩家内容需求的纵向升级,另一方面要迎合泛二次元用户多元内容需求的横向拓展。中国二次元用户群中"90后"和"00后"占据94.30%,其中"95后"占据57.6%,作为互联

---

① 资料来源:毛心聪、孙小雯、陈导光,传媒行业周报,2022年7月17日。

网原住民为游戏、社交和文学内容付费的意愿较高，其中大多以学生为主，购买能力有限，但是在付费意愿上却强于一般的互联网用户。从中国国产动画电影票房来看，2012 年以来的票房收入持续攀升，由 4.8 亿元上升至 2016 年的 23.4 亿元，并于 2017 年回落至 13.3 亿元，2018 年上升至 16.9 亿元。

动漫产业内容生产的直接单品包括漫画、动画、网络动漫（含手机动漫）。总体来看，动漫衍生品、动漫主题公园和动漫授权收入所占比例较大，一般占总体的 65%~70%。2015 年，我国动漫产业细分行业产值规模和所占比例从高到低依次为动漫衍生品、动漫授权收入、影视动画、动漫主题公园、手机动漫、互联网动漫、漫画出版、动漫舞台剧（见表 1-6）。

表 1-6　2011~2015 年二次元产业细分行业产值规模

类别	2011 年		2012 年		2013 年		2014 年		2015 年	
	产值（亿元）	比例（%）	产值（亿元）	比例（%）	产值（亿元）	比例（%）	产值（亿元）	比例（%）	产值（亿元）	比例（%）
漫画出版	24.5	3.94	34.05	4.48	36.45	4.19	44.84	4.35	55.16	4.51
影视动画	64.57	10.45	86.41	11.37	120.23	13.81	164.09	15.91	223.95	18.33
互联网动漫	22	3.54	30	3.95	35.35	4.06	44.93	4.36	57.10	4.67
手机动漫	17.78	2.86	28.36	3.73	36.5	4.19	52.60	5.10	75.80	6.20
动漫衍生品	162.58	26.15	215.53	28.10	220.8	25.35	259.46	25.15	304.88	24.95
动漫主题公园	180	28.95	185	24.34	191.6	22.00	197.68	19.16	203.95	16.69
动漫舞台剧	8.5	1.37	12	1.58	13.92	1.60	17.90	1.74	23.02	1.88
动漫授权收入	96.01	15.44	120.45	15.85	160.3	18.41	207.22	20.09	267.87	21.92
其他	45.39	7.30	50.15	6.60	55.7	6.40	61.70	5.98	68.35	5.59
合计	621.33	100	761.95	100.00	870.85	100	1050.42	100	1280.08	100

从国内动漫内容消费市场构成来看，动漫内容消费市场主要由日本和欧美占据，中国本土原创动漫仅占 11%，可见，我国动漫产业未来仍具有广阔的发展空间和市场潜力（见图 1-15）。

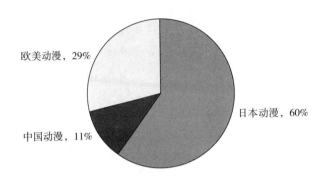

图 1-15 中国动漫内容消费市场结构

资料来源:《2015—2020 年中国动漫产业发展前景预测与投资战略规划分析报告》。

动漫产业的发展趋势如下:

(1)新媒体动漫成为行业的风向标。动漫产业逐渐与移动技术实现有机整合,特别是互联动漫、手机动漫、数字电视电影等。动漫已经成为国内各大视频网站继电视剧、电影和综艺节目之后的第四大内容板块。视频网站借助数字产品极低的复制成本和互联网络极低的传播成本,正在取代传统电视频道成为动画内容产品集成分发的首要媒体,新一代动画传播媒体的数字化、网络化、移动化、社交化和融合化特征日趋凸显。

(2)国产动漫市场向"全龄化"发展。2013 年之前我国动漫市场低龄化作品几乎占据全部市场份额,而 2016 年低龄动漫产品市场份额已降至 29%,市场的近七成份额有待中国原创全龄化动漫产品的填补,青少年和成人有望成为中国动漫产业的消费主力军。

(3)国产动漫 IP 的经济效益凸显。从游戏市场上来看,国内众多手游企业大举收购国外动漫 IP,2015 年,《死神》《火影忍者》等一线知名 IP 在国内的游戏授权保底费已达 700 万元以上,并可参与流水分成;而部分国产动漫 IP 授权价格已超过千万元。

(4)根据智研瞻产业研究院提供的数据,2021 年,中国动漫产业产值达到 2420 亿元左右,动漫创意和产品质量大幅提升。动漫产业未来发展的主要工作包括:培育民族动漫创意和品牌,加大对优秀动漫创意人才的扶持力度;推广手机(移动终端)动漫行业标准,鼓励面向新媒体渠道的动漫创作;加强动漫关键技术研发和动漫公共素材库项目建设；探索建设动漫品牌授权市场，促进动漫与实体经济的深度融合，引导促进动漫会展发展，活跃动漫消费市场。

1.3.4 影视产业

2019 年，中国电影票房 642.7 亿元，2009~2019 年中国电影票房的复合增长率为 26.7%，保持了快速增长。2019 年，中国新增银幕 9708 块，银幕总数达 69787 块，在全球领先的地位更加巩固。另外，中国观影人数逐年上升，增速放缓。2018 年，中国观影人数为 17.2 亿人，2010~2018 年的复合增长率为 27.2%，但同比仅增长 6.2%。年观影 17.2 亿人次，人均观影仅 1.2 次，远低于美国 3.7 次的人均水平。2018 年部分影视上市公司综合绩效值如表 1-7 所示。

表 1-7　2018 年部分影视上市公司综合绩效值

公司简称	公司代码	绩效值
万达电影	002739	92.59
横店影视	603103	92.40
当代明诚	600136	92.33
中国电影	600977	92.13
中视传媒	600088	92.05
华策影视	300133	91.98
金逸影视	002905	91.17
鹿港文化	601599	90.98
华谊兄弟	300027	90.76
光线传媒	300251	90.55

资料来源：媒至酷，《2019 影视传媒上市公司年度绩效数据报告》。

淘票票专业版数据显示，2014~2018 年，一、二线城市在全国电影市场中的份额呈下降趋势，而三、四线城市稳步提升，反映出中国电影消费区域下沉的趋势。从省市表现看，2018 年，中国电影内地票房前五名依次是广东、江苏、浙江、上海、北京，共占全年票房的 43.1%。不过，从城市层面看，上海、北京远超其他城市，位居全国前两位。

从行业趋势来看，大数据在影视制作、宣传、发布平台得以运用推广，国际 5G 标准的正式出炉，VR/AR 带来的新科技体验和人工智能的研发应用，技术创新引领行业变革，推动影视新生态的形成。2018 年，多家影视传媒上市公司在影视大数据、数字虚拟、人工智能等领域进行战略布局，加大技术研发投入力度。同时，多家公司向海外延展，将影视作品发行至海外，尤其重视与"一带一路"建设、"金砖五国"、"上合组织"等众多国家和地区的文化交流、合作，并积极引进大量优质进口片或购买版权，融入全球影视产业链。

影视龙头企业不断延伸产业链，形成影视与诸多相关产业联动的多层业务模式，即以内容创意（IP）为核心的泛娱乐生态体系。奥飞娱乐是国内知名动漫影视制作公司，从动漫玩具设计开始，采用"动漫+玩具"的发展模式成功获得市场认可，制作国内现象级产品《喜羊羊与灰太狼》，并成功投资了电影《美人鱼》。

影视产业的发展趋势如下：

（1）传统影视与互联网行业加速融合。互联网大数据助力传统影视明确细分人群，增强 IP 变现能力。

（2）内容付费渗透影视行业。短视频、直播、电影播放等互联网平台成为新的流量入口，并通过内容来引导用户在自身电商平台、O2O 平台进行付费。

（3）VR/AR 等新技术拓展用户观看视频场景。VR/AR、5K 等新技术推动影视领域多元化发展，加速线上线下的用户体验革新。

（4）IP 盈利模式围绕影视内容呈现多样化。从过去植入广告等盈利模式发展到线下围绕影视内容建设主题公园以及拍摄基地等旅游化模式。

1.3.5 动漫衍生品产业

动漫衍生品产业是由动漫版权的二次利用形成的衍生品模块，包含服装、玩具等众多衍生产品。动漫下游衍生产业覆盖文化产业的各个重要子行业，动漫的快速发展能够有力地撬动动漫周边产业的发展，从而提升动漫产业链乃至文化产业的总体价值。目前，国内动漫衍生品市场的规模和利润空间较大，存在大量非相关多元化的耦合发展机会。2011~2019 年，中国动漫衍生品市场规模的年均增长率约为 20%，2019 年达到 778 亿元，2021 年，中国动漫衍生品产业的市场规模超过 1000 亿元（见图 1-16）。①

从细分市场来看，目前中国动漫衍生品主要包括动漫玩具、动漫服装和动漫出版物。其中，动漫玩具为占比最大的动漫衍生品类型，其市场规模占到了中国动漫衍生品整体市场的一半以上；动漫服装和动漫出版物则分别占据动漫衍生品市场的 16% 和 4%（见图 1-17）。

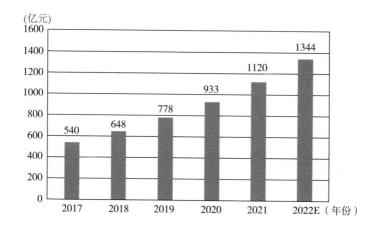

图 1-16 中国动漫衍生品市场规模

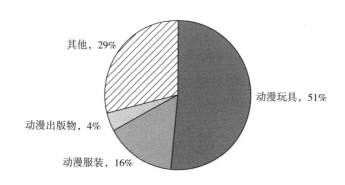

图 1-17 中国动漫衍生品细分市场份额

企业主要通过原创动漫游戏 IP 开展系列衍生品业务，包括开发和销售动漫衍生品、发展授权业务、融合动漫与促销品销售、结合线上与线下、拓展海外市

① 中国动漫　未来可期［Z］．经济之声，2019-05-09.

场等（见表1-8）。

表1-8 代表性企业动漫衍生品品牌延伸路径分类①

序号	概念	主题
1	漫画的影视化改编	IP影视化
2	网络漫改真人剧初步IP影视化	
3	IP影游联动	
4	图书、服装、玩具等产品	小商品衍生
5	小商品类实物衍生品开发和销售	
6	小商品类实物衍生品开发	
7	音乐授权	动漫元素衍生
8	舞台剧衍生开发	改编舞台剧
9	动漫改编儿童舞台剧	
10	行业联动双向宣传	品牌联合
11	文创旅游相结合	动漫+旅游
12	旅游类主题乐园建设	
13	开发高价值生活类衍生品	高端商品及服务
14	VR等高新技术应用	
15	小说改编为游戏	IP游戏化
16	手游衍生开发	
17	IP影游联动	
18	动漫反向改编为小说	动漫改编小说
19	授权第三方开发衍生品	授权开发
20	IP授权和商业开发	
21	建立自有电商平台	多重销售渠道
22	销售渠道线上线下相结合	

2018年，在以动漫衍生品和玩具为主营业务的14家上市公司中，至少有一半公司实现了盈利，而且不少公司的营业收入在增长。其中，像智高文创、精英动漫这样的主板上市企业，净利润都超过100%增长。在新三板挂牌的迪生数娱、

---

① 李琳，许圣林，张莉. 基于原创IP的动漫衍生品发展路径研究——以北京市为例〔J〕. 东南传播，2019（3）：78-80.

维真视界、镇艺文娱的净利润增速也在100%以上。

动漫衍生品产业的发展趋势如下：

（1）中国居民消费水平提升，文化需求旺盛。2019年中国人均GDP已经达到1.06万美元；一般而言，城市人均GDP超过3000美元的临界点后，国民经济就开始进入到持续稳定增长阶段，居民文化消费能力和水平也会迎来高速增长的黄金时代。当前，动漫衍生品市场已经表现出多元化需求的态势，加盟动漫连锁品牌会成为动漫衍生品产业发展的新趋势。

（2）2020年3月，《文化产业促进法》被十三届全国人大常委会列入五年立法规划，这是中国首部被提出的文化产业领域的基础性法律，从而把行之有效的文化经济政策法定化，以健全促进社会效益和经济效益有机统一的制度规范。相关条款在促进文旅融合、集聚企业、培育新业态等方面提出了明确要求，从文化内容创作与传播的目的和方向形成文化供给的核心。

（3）文旅部《"十四五"文化产业发展规划》明确提出加强手机（移动终端）动漫国际标准和数字艺术显示国际标准应用推广；推动动漫等文化产品创作生产；优化动漫业产业供给，提升产业质量效益；打造一批中国动漫品牌，促进动漫"全产业链"和"全年龄段"发展；发展动漫品牌授权和形象营销，延伸动漫产业链和价值链；提高网络动漫等的原创能力和文化品位；推进国家文化产业创新实验区、国家动漫产业综合示范园建设。

1.3.6 游乐设备产业

目前，中国游乐设备制造企业主要分布在广东、江苏、浙江、福建等地。其中，中山市港口镇、广州市番禺区是国内游戏、游艺设备最大的生产基地，在两个区域集群内，企业自主研发制造的游戏、游艺设备超过全国总量的60%。自20世纪80年代以来，中山市游乐设备产业经历了从无到有、由弱到强的发展过程，已经成为中国游乐产业的风向标。

数据显示，2021年，中国游乐园数量达3121家，其中，中型以上游乐园数量占比为26%；华东地区数量占比达34%。[①]目前，中国游乐园的数量仅占全国各类景点总数的10%，但商用游戏游艺设备产值规模已经由2014年的76亿元增

---

① 资料来源：《2021动漫衍生品行业市场现状分析调查报告》，中研网，2021-09-09。

长至 2018 年的 164 亿元，其间复合增长率为 21.2%。总体来看，国内动漫衍生品市场潜力巨大，不过其产业链却不完善，国外动漫衍生品主导了国内市场。

世界上最早期的游乐设施是可移动式游乐设施，受社会经济发展、城镇化进程加快等因素影响，游乐设施运营场所由可移动式发展至固定式。在中国，游乐设施最初建设于传统游乐园内，随着经济发展与消费水平提高，人们对游乐设施的需求逐步由刺激性、猎奇性向个性化、主题化方向发展，其需求越来越倾向于互动性、体验感强烈的大型游乐设施。发展至现阶段，大型游乐设施主要营运场所由传统游乐园拓展至主题公园（如迪士尼、欢乐谷、方特乐园、长隆欢乐世界等），且从行业发展趋势来看，主题公园将在很长时期内成为其主要运营场所。

游乐设备产业的发展趋势如下：

（1）机械类游乐设备向高空、高速、更具刺激性的方向发展。国外的滑行车类设备已不限于座椅式固定车厢，而是向站立式、活动车厢、悬挂座舱式和悬挂吊椅式的方向发展，同时速度更快、高度更高，且更具刺激性。此外，各种形式的蹦极设备也在快速发展。

（2）高新技术的应用越来越多。例如，VR 技术、三维立体成像及投影、激光、网络技术等广泛应用于游乐设备。模拟高尔夫、模拟橄榄球、模拟跳伞等游乐项目采用了基于计算机图像技术、显示技术和传感技术的 VR 相关技术。并且具有占地面积小、真实度高的特点。

（3）交互式动感仿真系统增加游客的参与感。例如，迪士尼乐园的仿真立体电影、好莱坞环球影视城的模拟航天动感游乐设备等，都注重仿真体验，使游客有身临其境的真实感觉。

1.3.7　VR/AR 设备产业

从整体上来看，国内 VR/AR 公司有四种类型：一是初创公司，如 3Glasses、乐相科技等；二是传统游戏公司向 VR 游戏制作的转变，如顽石互动旗下子公司魔视互动；三是影视制作公司在 360 度全景视频拍摄及直播方面的探索；四是上市公司通过投资、收购、入股等形式进入虚拟现实行业。国内涉足虚拟现实的公司主要分布在北京、上海、广州、深圳等大型城市。

“十三五”时期，国家已经将 VR/AR 技术列入重点发展内容，并大力推动 VR/AR 上下游整个产业链的发展，促进 VR/AR 与各个领域相融合。2016 年被称为VR元年，VR技术正式进入并影响了人们的生活、娱乐、工作，并将与影视、医疗、教育等方面进一步深度结合。《中国VR用户行为研究报告》显示，2021年，中国VR潜在用户规模已达4.5亿，而在过去一年接触过或体验过虚拟现实设备的VR浅度用户约为2700万人，购买过各种VR虚拟现实设备的重度用户约为237万人。在VR重度用户中，男性占比超过七成；而从年龄特征上分析，25~34岁的青年占到了六成以上，在生活中比较"宅"的VR重度用户同时也是科技、数码等产品的高消费者。在VR重度用户未来一年计划购买VR设备的类型中，排名第一的是VR眼镜，占比高达83.1%；其次是PC端VR头盔，占比超过了1/3；再次是VR一体机。VR眼镜由于其便携式和方便操作，正在成为VR的主流设备，据此，中国VR产业的市场潜量将达到上万亿元。

在创新驱动战略下，中国VR/AR行业吸引了大量资本注入。2021年，随着元宇宙的兴起，VR/AR行业投资数量明显增加，达到99起，投资金额109.2亿元。[①] 从具体的投资方向来看，2021年中国VR/AR领域主要投资于企业服务、智能硬件、元宇宙、房产服务、医疗健康及教育等行业。

VR/AR设备产业的发展趋势如下：

（1）元器件、硬件等要求高，产品应用升级需求大。目前，VR/AR硬件产品舒适度仍未满足消费者需求，体验有待提升。已上市的VR/AR硬件设备舒适度欠佳，容易产生视觉疲劳甚至晕动症。提高VR/AR设备使用的舒适度、愉悦性和安全性是VR/AR市场用户扩张的关键。CPU+GPU组合开始出现，AMOLED等降低延迟的显示技术，以及视觉、声觉和触觉的快速反馈技术不断提高，并带动VR/AR行业的不断发展。

（2）需要进一步拓宽应用场景。各行业巨头投身到VR/AR的应用制作中，其中，游戏产业一马当先；动漫以及主题公园与VR/AR紧密结合，实现无缝对接；影视、直播也得到VR拍摄技术的支持。此外，旅游行业、在线教育行业、医疗行业甚至航空航天与军工行业，都在不断与VR融合。VR/AR应用市场主要包括六大行业部门，即消费者、分销与服务、金融、基础设施、制造与资源以及公共部门。其中，消费者部门是最重要的应用领域，市场占比高达52%。[②]

---

① 资料来源：智研咨询，www.chyxx.com，2022-05-17.

② 数据来源：《2021年中国VR/AR行业产业链上中下游市场分析》，中商情报网，2022-01-05.

（3）行业标准有待确定，消费终端碎片化需要消除。由于设备种类众多，因此存在操作系统、版本不兼容等问题。这些因素也增加了对游戏、影视、直播等的内容要求，平台适配难度加大。VR/AR 行业还处于发展的最前端，行业内环境还没有形成稳定的状态，这就促使行业内上下游之间不断合作、融合，构建行业标准，搭建流畅、和谐的生态环境。

1.3.8 主题公园产业

主题公园是指以营利为目的兴建的，占地、投资达到一定规模，实行封闭管理，具有一个或多个特定文化旅游主题，为游客有偿提供休闲体验、文化娱乐产品或服务的园区。主要包括：以大型游乐设施为主体的游乐园，大型微缩景观公园，以及以情景模拟、环境体验为主要内容的各类影视城、动漫城等园区。①

（1）2000 年以前主题公园的发展。

20 世纪八九十年代，主题公园被引入中国并呈现出两种基本形态：①人造微缩景观。如各类大观园、影视基地、太空城和民俗村等，投资少、收益快保证了主题公园最初的成功，但低端简陋的机械游乐设施和激烈的市场竞争，使得它们迅速走向衰落。②城市游乐园。主要分布在上海、北京、广州、深圳、杭州、苏州等东部发达城市。20 世纪 90 年代后期，广州有 40 个主题公园，北京有 39 个主题公园。不合理的市场定位、高价门票、激烈竞争、管理不善、交通不便、安全问题以及其他诸多原因，使得它们的生命周期普遍较短，大多数土地被再次拍卖而转化为住宅、城市公共设施等其他用途。这一时期主题公园的发展明确了其开发建设的规律，即要重视主题、区位、营销、利润渠道和监管协同等问题。

（2）2000 年以后主题公园的发展。

2000 年以后，本土主题公园开发建设总体上全面复苏。经济的持续发展、居民休闲娱乐的强劲需求、旅行交通条件的改善，在政府、民营资本和海外资本的多种投资介入下，推动中国进入大型主题公园发展的新时期。2009 年，国家出台了《国务院关于加快发展旅游业的意见》，明确鼓励大型主题公园的发展。同年出台的《文化产业振兴规划》明确提出"加快建设拥有自主知识产权、高技术含量和中国文化特征的主题公园"，为新时期中国主题公园的发展提供了战

---

① 资料来源：《关于规范主题公园建设发展的指导意见》（发改社会规〔2018〕400 号）。

略指引。根据 AECOM 发布的《2018 中国主题公园项目发展预测》研究报告，中国主题公园包括现有和未来的城市级主题公园项目数量共计约 200 个，其中现有项目 128 个，已发布官方消息在 2025 年前完成建设的未来项目至少 70 个。但同时，在大型主题公园的示范效应下，主题重复、建设周期短的中小型主题公园也快速出现。

从区域分布来看，中国的主题公园主要分布在华东地区（占比 34%）和华南地区（占比 17%），2018 年，两者共占中国主题公园总量的 51%。

主题公园产业的发展趋势如下：

（1）补充丰富了整体旅游产品。主题公园是可以为游客带来良好旅游体验的成熟产品，对于传统旅游资源相对稀缺的城市来说，主题公园更是成为整体旅游产品的有益补充。而且，主题公园和传统旅游景区已经越来越难以被严格区分，越来越多的主题公园发展壮大成为国家 AAAAA 级旅游景区。

（2）投资主体日趋多元化。主题公园的投资主体包括国有企业、民营企业等。相对而言，市场化运作的国有企业，更容易在激烈的市场竞争中立足，政府主导的旅游开发方式在区域发展中更受偏爱。

（3）资本投入与国际化水平不断提高。高资本投入使电脑、人工智能、新能源、新材料、新环保技术以及其他高新技术等水平得到提高，运营管理效率和国际化程度不断改善，在国际化招投标、学习国外主题公园先进经验、引进国外高科技游乐设施、吸引外商直接投资、加强国际组织机构交流等诸多方面有很大收获。

（4）主题类型更具多样性。当前，中国主题公园的主题类型更为丰富，至少可分为四大类：一是以拥有不同类型的过山车和大摆锤等刺激性游乐项目为代表的主题公园，如常州恐龙园、芜湖方特等；二是以动植物展示和生态为主题的主题公园，例如上海野生动物园、大连极地海洋馆、杭州西溪湿地等；三是模拟影视剧、卡通漫画、电脑游戏等为代表的场景的主题公园，如常州环球动漫嬉戏谷、横店影视城等；四是以民俗村、历史朝代和宗教圣地等为代表的文化再现型（更准确地说是文化的空间表达）主题公园，如西安大唐芙蓉园、海南三亚南山文化旅游区等。

（5）区位分布更具多样性。主题公园相对集中在中国东部的环渤海经济圈、长三角经济圈和珠三角经济圈，比较接近主要城市，毗邻已建成的大型旅游区，拥有便利的高速公路、高铁或机场。但同时，主题公园的空间分布已经几乎遍布全国，甚至存在于相对不太发达的地区。

（6）文化再现和产业集群程度不断提高。主题公园越来越重视可识别的主题文化塑造，特别是中国的传统文化和地方文化。文化产业、创意产业、媒体行业、房地产业和旅游业在大型主题公园内不断集聚与融合，主题公园已经从原来单一独立的景点演化成为大规模的旅游综合体和城市产业群落，极大增强了其综合吸引力和竞争力，也因此拓展了盈利渠道，摆脱了过去的门票经济困境。

（7）旅游与城市、区域发展一体化。新时期主题公园从过去的独立事件转变为从更广阔的城市或区域角度，深入促进旅游与城市、区域发展的一体化。地方政府，尤其是那些旅游资源相对稀缺的城市，开始考虑如何通过主题公园促进产业结构转型升级。相比于工业，地方政府更乐意发展旅游业，特别是不受传统资源禀赋束缚的主题公园。为此，主题公园通常选址在城乡接合部，充当城市化和经济转型发展的先锋。

1.3.9 会展产业

2015 年，国务院印发《关于进一步促进展览业改革发展的若干意见》，这是国务院首次全面系统地提出展览业发展的战略目标和主要任务，并对进一步促进展览业改革发展做出全面部署，指出主要任务是改革管理体制，推动创新发展，优化市场环境，强化政策指导。目前，中国会展业显示出强劲的发展势头，会展业的发展已成为拉动经济增长的重要手段。经验显示，展会收益比例如果为 1，带动其他产业利润的比例是 9，因此被誉为朝阳产业。会展业可以催化城市和地区经济的发展，带动商贸、交通、旅游等相关行业的繁荣，有助于把握市场走势及其发展规律。通过会展活动，能汇聚巨大的人才流、商品流、资金流、信息流、技术流，从而对国民经济和社会进步产生难以估量的影响和催化作用。

会展主要包括三部分：一是博览会、展览会、交易会、贸易洽谈会等；二是各种类型的大型国内外会议；三是体育竞技运动、文化运动、大型节庆活动、民俗风情活动等。其中最主要的部分是展览会。综观国际大型专业类展会，都是依托主导产业的发展而来的。产业会展是会展业的重要组成部分，通过展会的平台，不仅聚集了产业链，同时也极大地促进了产业的发展。2020 年，中国会展业的主题主要包括数字化、双循环、绿色会展和政策调控等，直接产值达 4600

亿元，综合贡献为 4 万亿元。①

2019 年，中国出国举办展（博）览会整体规模依然保持增长态势，结构调整成效显著，参展数量不断增多，展览面积稳步增长，参展企业数量逐渐提升，全国 91 家组展单位共赴 73 个国家参办展 1766 项，较 2018 年增加 94 项，同比增长 5.6%（见图 1-18）。2014 年以来，中国出国会展总面积整体呈现震荡上行态势，2019 年，出国展出面积为 92.13 万平方米，较 2018 年增加了 9.11 万平方米，同比增长 11.0%（见图 1-19）。②

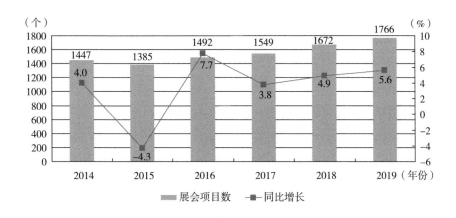

图 1-18　2014~2019 年中国出国会展项目数量及其增长速度

2010~2017 年，中国举办各类展览数量从 6200 场上升到 11204 场，展览面积从 7440 万平方米上升到 13264 万平方米。展览面积增长快于展览项目增长，单位项目规模扩大，展览效益向好。随着会展业办展数量和办展面积的快速增长，会展经济产值也相应实现大幅增长。根据商务部等的统计数据，2010 年中国会展经济直接产值仅为 2482 亿元，到 2017 年则增加到 6200 亿元。截至 2019 年，中国可供展览室内面积在 5000 平方米以上且正在运营的展馆共计 211 家，可供展览室内总面积达 958 万平方米。目前，中国已形成众多不同类型的展览品牌，一些品牌展会具有较强的国际竞争力和吸引力。从区域分布来看，中国会展业结构和布局不断优化，并呈现出五大会展经济带格局。

---

① 资料来源：《2021 中国会展产业年度报告》，2021 全球展览北京论坛发布，2021。
② 资料来源：《2020—2026 年中国展会展览行业运营模式分析及发展前景规划报告》，智研咨询。

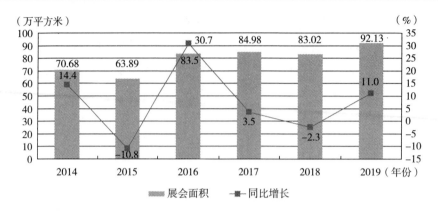

图 1-19 2014~2019 年中国出国会展总面积及其增长速度

（1）环渤海会展经济带——以北京为中心，以天津、廊坊等城市为重点，其会展业发展早、规模大、数量多，专业化、国际化程度高，门类齐全，知名品牌展会集中，辐射广。另外，在北京的会展业中，由原中央政府部门转化出来的全国性专业、行业协会成为办展主力，使北京会展业的辐射和带动作用十分突出。

（2）长三角会展经济带——以上海为中心，以南京、杭州、宁波、苏州等城市为依托的会展产业带已经形成。该产业带起点高、政府支持力度大、规划布局合理、贸易色彩浓厚，受区位优势、产业结构影响大，发展潜力巨大。

（3）珠三角会展经济带——以广州为中心，以广交会为助推器，以深圳、珠海、厦门、东莞等为会展城市群，形成了国际化和现代化程度高、会展产业结构特色突出、会展地域及产业分布密集的会展经济带。

（4）东北会展经济带——以大连为中心，以沈阳、长春等城市为重点的会展经济带，依托东北工业基地的产业优势及东北亚的区位优势，形成了长春的汽博会、沈阳的制博会、大连的服装展等品牌展会。

（5）中西部会展经济带——以武汉、成都为中心，以重庆、西安等城市为重点的会展经济带，通过不断发展，现已形成武汉的华中国际汽车展和武汉光博会、成都的西部国际博览会、绵阳的科博会、重庆的高交会、西安的东西部洽谈会等品牌展会。

此外，现在国内举办的国际专业展会中约有 40%的中国香港或海外公司参与。会展公司越来越多，但同时也表现出会展公司办展水平良莠不齐、会展市场总体办展质量不高等问题。2019 年，中国会展业十大品牌如表 1-9 所示。

表 1-9　2019 年中国展会展览十大品牌

序号	品牌	企业名称	主要情况
1	广交会展馆	中国对外贸易中心（集团）	商务部直属事业单位，主要负责承办中国进出口商品交易会（又称广交会）；经营收入位列世界各大展览机构第四；展馆办展面积列世界展馆之首
2	国家会展中心	国家会展中心（上海）有限责任公司	国家商务部和上海市政府合作共建，世界上较大的建筑单体和会展综合体
3	SNIEC	上海新国际博览中心有限公司	国际著名展览集团联合投资建造，国内外经济往来的重大国际展会平台，中外合资合营的第一家展览中心
4	CIEC 国展	中国国际展览中心	隶属于中国国际贸易促进委员会暨中国国际商会，中国展览馆协会的理事长单位、国际展览业协会（UFI）成员和国际展览会管理协会（IAEM）成员
5	国家会议中心	北京北辰实业股份有限公司	具有亚洲一流水平的大型会展中心，坐落在北京奥林匹克公园中心区内
6	香港会议展览中心	香港会议展览中心（管理）有限公司	世界较大的展览馆之一，亚洲顶尖的展览及会议场馆
7	深圳会展中心	深圳会展中心管理有限责任公司	深圳市政府投资兴建，深圳市较大的单体建筑
8	世纪城	成都世纪城新国际会展中心	会展旅游集团旗下，知名功能会议会展中心，创立出"会展业成都模式"
9	上海世博展览馆	上海东浩会展经营有限公司	高规格、现代化、国际性会展场地，多功能的、可塑性极强的场馆
10	保利世贸博览馆	广州市保利国贸投资有限公司	保利世界贸易中心的核心组成部分，华南地区较具影响力的会展中心

会展产业的发展趋势如下：

（1）会展产业快速发展并注重质量提升。

近年来，随着中国经济的持续快速增长，以及与世界各国的经济贸易进一步加强，中国会展产业进入了快速发展期，会展产业形态已经基本形成。随着展览专业化、市场化和国际化水平的不断提高，涌现出"广交会""厦洽会""医博会"等一批具有国际影响的知名品牌展会。并且，从展览的类型、数量、规模、水平和影响来看，中国已成为亚洲的会展大国，并正逐步成为亚洲地区的区域性"会展中心"。同时，会展业显著的经济社会效益使得越来越多的地方政府高度重视会展业发展，加强展览馆基础设施建设。

（2）会展城市区域格局初步形成。

当前，中国会展经济区域化的雏形已初步形成。会展经济在北京、上海、广州、深圳、大连等第三产业发达的城市已迅速崛起，并出现南、东、北即分别以广州、上海、北京为代表的三大"会展城市战略生态群"。从会展收入看，广东、北京和上海占据了垄断地位，占全国会展收入的近90%。在这三大会展经济产业带的引领下，同时与东北会展经济带及中西部会展城市经济带相互协调，构成各具特色、多层次的会展经济发展格局。同时，全国场馆存量不断增加，新建场馆向中西部延伸。随着国内会展市场的进一步开放，中西部城市成为会展拓展的重要区域。

（3）会展产业市场化程度加深。

中国会展业市场化主要表现为"会展项目举办市场化""会展企业经营市场化""会展产业制度建设"三个方面。首先，政府展览市场化已成为行业改革中的重点，部分政府展览会已通过重组、拆分、合资、兼并等方式进行市场化运作，产权和管理权成为改革的焦点；其次，民营和外资会展企业的增加，促使会展经营主体的经营意识和观念发生较大变化，会展企业市场化主要体现在现代企业制度建设上，如企业组织机构、经营模式和管理手段、企业信息化改造、人力资源建设能力等方面；最后，中国会展经济处在发展的重要关口，会展业政策、制度建设随着国家发展和改革委员会"中国会展业中长期规划"的制定和中国会展经济研究会的筹建将会更加完善。

（4）会展行业逐步向细分化和专业化发展。

随着全球产业分工逐渐加强，综合性展会吸引力逐渐下降，品牌性综合展会逐渐分化成若干细分展会。目前，欧美展览大国已经开始进行细分之后的"再细分"，如汉诺威工业博览会已细分为机器人展、自动化立体仓库展、铸件展、低压电器展、灯具展、仪器仪表展和液压气动元件展等。同时，消费产品、服务业、新兴产业等会展项目存在较大增长空间。

（5）会展业趋向品牌化、多元化发展。

目前，国内的会展企业和会展项目与德国、英国、意大利、法国等会展强国的国际知名会展公司及品牌展会相比，品牌知名度存在较大差距，竞争力也相对较弱。因此，品牌化将是未来中国会展业发展的要求与趋势。另外，在服务范围上，国际会展业正在向多元化方向发展，包括展会项目的多行业化、经营服务的多样化等，国内主要会展企业和外资会展企业也必将跟随这种发展方向。

（6）现代信息技术渗透程度加深。

移动互联网及云计算等现代信息技术将成为推动会展业创新发展的驱动力，有效提升会展运营效率。展会官网、官方微博、官方微信使用率大幅增长，公众号、专业化信息平台等方式将普遍应用。同时，"互联网+"作为推动会展业新一轮转型的外在动力，将刺激会展商业模式主动调整，变革服务边界，提高服务效率和服务质量，再造产业链条，重构产业格局。

（7）会展人力资源建设能力提高。

随着中国会展业的发展，会展理论教育将形成一种各具风格、本土化特点明显的格局。目前，中国会展虽然仍面临高端会展专业人才缺乏的情况，但会展理论教育在专业理论、学术探讨、规划课题研究，以及中专、大专和本科（包括研究生）专业教育方面已成体系，为中国会展业人才的培养提供了有力保障。另外，随着高等院校在会展学位专业教育和职业教育两大市场的蓬勃发展，由各层次学校、会展研究机构、会展职业培训单位组成的中国会展教育培训研究体系基本形成。

（8）"一带一路"将为会展增添新活力。

党的十九大报告提出，要继续以"一带一路"建设为重点，推动对外贸易和投资自由化、便利化，这为我国会展业发展提供了新机遇。据统计，2017年，中国在境外自主办展123场，展览总面积为83.6万平方米。其中，赴"一带一路"沿线国家参展71场，占比57.7%；参展面积达51万平方米，占比61.0%。[①] 2018年，中国围绕"一带一路"建设议题相继举办了"一带一路"国

---

① 资料来源：《2017年度中国展览数据统计报告》。

际合作高峰论坛、博鳌亚洲论坛年会、"一带一路"中韩企业高峰论坛等诸多大型国际会议。围绕"一带一路"主题举办的各种国际会展活动,既加快了我国会展企业国际化发展进程,又为各国金融、商贸和文化交流搭建了桥梁,还为区域和全球经济发展注入了新动力。

2 港口镇游戏游艺产业发展总体情况

中山市是中国五个不设市辖区的地级市之一，2020 年末常住人口为 443.11 万人，城镇化率为 86.96%。① 中山市是国家历史文化名城，发祥于中山的香山文化是中国近代文化的重要源头，享有广东省曲艺之乡（粤剧）、华侨之乡的美誉。中山连续多年保持广东省第五名的经济总量，并与顺德、南海、东莞一起被称为广东"四小虎"。港口镇位于中山市中心区，处于广佛都市群、西岸都市群、东岸都市群的核心连接位置，北接广佛、东临深港、南靠珠澳、西启江肇，是未来珠江口西岸的重要枢纽。港口镇所在中山市处于穗港澳经济走廊的中心区域，港珠澳大桥的建设将强化中山市在珠三角的重要城市组团，"深中通道"于 2024 年建成通车后，港口镇将成为珠三角东西两岸的重要节点，有望承接深圳产业辐射。

2.1 港口镇经济发展情况

中山市将所有镇区划分为五个组团：一是中心组团，包括石岐区、东区、西区、南区、五桂山、港口镇、沙溪镇、大涌镇；二是东部组团，包括火炬开发区（翠亨新区）、南朗镇；三是东北部组团，包括三角镇、民众镇、黄圃镇；四是西北部组团，包括小榄镇、古镇镇、横栏镇、东升镇、南头镇、东凤镇、阜沙镇；五是南部组团，包括三乡镇、坦洲镇、板芙镇、神湾镇。其中，港口镇位于

---

① 资料来源：《2021 年中山统计年鉴》。

中山市中部，镇域面积 70.5 平方千米，辖 9 个村社区，2020 年末常住人口 14.03 万人，是市中心城区的重要组成部分。港口镇区位优越，交通便利，京珠高速、中江高速在此交会，毗邻中山市综合交通枢纽站中山北站，深中通道中心城区的唯一出入口便设在港口镇，从而使之成为中山市乃至整个珠西岸交通枢纽的重要交通节点，实现一小时通达五大国际机场、四大深水港以及粤港澳大湾区核心城市。

2020 年，中山市实现地区生产总值（GDP）3151.59 亿元，三次产业结构调整为 2.3：49.4：48.3，常住人均生产总值为 71478 元。全年一般公共财政预算收入 287.54 亿元，同比增长 1.5%；其中税收收入 209 亿元，增长 0.49%。尽管受到新冠肺炎疫情的影响，但全年全市规模以上工业增加值仍达到 1172.11 亿元，增长 2.2%。分行业看，规模以上高技术制造业增加值 176.85 亿元，增长 0.48%；规模以上先进制造业增加值 576.63 亿元，增长 9.02%；规模以上装备制造业增加值 382.96 亿元，增长 9.74%。全年固定资产投资同比增长 21.5%，分产业看，第二产业投资同比增长 49.7%，其中工业投资同比增长 49.8%；第三产业投资同比增长 16.3%。可见，中山市整体经济发展表现出较强的韧性，产业结构得到了进一步优化。此外，根据中山市第四次全国经济普查公报（第七号）的数据，全市各组团的法人单位和产业活动单位情况如表 2-1 所示。

表 2-1　中山市镇区五个组团的法人单位和产业活动单位情况

组团	法人单位		产业活动单位	
	数量（个）	比重（%）	数量（个）	比重（%）
中心组团	36182	31.2	40168	32.1
其中：港口镇	3438	3	3717	3
东部组团	14942	12.9	15981	12.8
东北部组团	7975	6.9	9604	6.9
西北部组团	42620	36.8	44877	35.9
南部组团	14140	12.2	15290	12.2

资料来源：中山市统计局公布数据。

可见，在法人单位和产业活动单位的数量及比重方面，中心组团在中山市的五个组团中居于西北部组团之后，为第 2 位；而港口镇列全市第 15 位，在中心组团的 8 个镇区中排在第 5 位，总体处于中下游水平。

2.1.1 经济发展主要表现

（1）综合经济实力不强。

从表 2-2 可以看出，2020 年，港口镇地区生产总值为 78.58 亿元，仅占全市的 2.5%，不过同比增长速度为 3.73%，比全市水平高了 2.1 个百分点。全镇第三产业增加值为 31.07 亿元，仅占全市的 2.0%，同比增长 0.97%，低于全市 1.21% 的总体水平。港口镇的三次产业结构为 7.5∶53.0∶39.5，与全市 2.3∶49.4∶48.3 的产业结构相比，仍有很大的调整空间。具体来看，在规模以上工业企业增加值方面，港口镇为 27.65 亿元，仅占全市的 2.4%；并且，港口镇规模以上工业企业增加值同比增长 -6.35%，而中山市该指标则同比增长 2.81%。社会消费品零售总额为 23.93 亿元，仅占全市的 1.7%，同比增长 -18.00%，比全市 -12.98% 的增幅表现更差。工业用电量为 4.4 亿千瓦时，仅占全市的 2.2%，同比增长 1.44%，仅为全市增速 2.84% 的一半。

表 2-2　2020 年港口镇经济发展主要指标情况

序号	主要经济指标	港口镇	中山市
1	地区生产总值（亿元）	78.58	3151.59
2	增长（%）	3.73	1.63
3	第三产业增加值（亿元）	31.07	1523.25
4	增长（%）	0.97	1.21
5	三次产业结构	7.5∶53.0∶39.5	2.3∶49.4∶48.3
6	规模以上工业企业增加值（亿元）	27.65	1172.11
7	增长（%）	-6.35	2.81
8	社会消费品零售总额（亿元）	23.93	1407.22
9	增长（%）	-18.00	-12.98
10	工业用电量（亿千瓦时）	4.40	199.31
11	增长（%）	1.44	2.84

资料来源：港口镇 2020 年 1~12 月份经济发展主要指标，中山市港口镇政府网站，2021 年 2 月 5 日。
《2021 年中山统计年鉴》，中山市统计局网站，2022 年 3 月 31 日。

可见，从经济发展综合实力上看，港口镇各项主要经济指标总体处于全市的中下游水平，各项总量指标在全市所占比重较低。在增速方面，虽然GDP增幅超过全市水平，但一方面总量占比仍然很低，另一方面，规模以上工业企业增加值出现大幅下降，并且工业用电量还出现增幅过低，发展前景令人担忧。三次产业结构远未达到"三二一"的状态，区域带动力不强，与中心城区的地位不相符。这也从总体层面上说明了，虽然港口镇在游戏游艺产业方面有不错的基础，但基本上仍处于产业链的低端环节，没有产生较好的优化驱动效应。

（2）经济转型升级压力较大。

港口镇经济发展方式仍较为粗放，创新能力不足，部分制造业和服务业处于产业链低端环节，缺乏核心技术和自主品牌，传统产业主导型经济增长动力减弱，新的增长动力对经济发展支撑不足，亟须以创新驱动发展实现动力转换，推动产业转型升级。但是，从资源方面来看，港口镇又面临瓶颈制约。例如，在土地资源上，全镇土地开发强度已接近开发上限，集约节约利用效率有待提升，"三规"不协调难题尚未有效破解，土地要素供给紧张与土地闲置问题并存。同时，亟须加快转变资源利用方式，推动绿色发展。

此外，政府的公共财力和公共服务向农村基层、新港口人延伸不够，解决外来农业转移人口市民化和推进基本公共服务均等化的压力较大，新港口人对市镇的归属感仍不够强，在经济转型中形成了不利的发展环境。

（3）发展具有一定的优势。

港口镇的经济发展总体来看具有优势，具体表现在五个方面：一是港口镇已经纳入中山市主城区，是五大组团的中心组团成员，区位优势更加凸显。交通枢纽作用不断强化，尤其是深中通道、深茂铁路的建设，极大提升了港口镇的区位优势与珠三角一体化中的战略优势，给全镇经济发展注入了新的潜力。二是新型城镇化、工业化、信息化、农业现代化深入推进，为港口镇经济发展提供了新的张力。三是创新驱动战略深入实施，给全镇经济发展增添了新的动力。四是全面深化改革释放红利，市场化、国际化、法治化营商环境更加成熟稳定，给全镇经济发展提供了新的活力。五是以共建共享推动人口红利向人才红利转变，给全镇经济发展注入了新的创造力。

2.1.2 经济发展重点工作

（1）以全面创新营造良好的发展环境。

根据港口镇目前经济发展的总体情况，港口镇应当重视创新驱动发展，实现经济转型与新旧动能转换。以知识产权、新型研发机构、科技企业孵化器、高新技术企业为抓手，从企业、人才、科技等方面积极营造更加完善的"大众创业、万众创新"环境。

1）提升企业创新能力。一是支持创新型企业发展，全面提升企业创新能力。其中，以高新技术企业为重点，推进科技型龙头企业和中小微创新型企业协同发展，持续提高社会研发经费（R&D）支出占 GDP 的比重。二是大力培育发展高新技术企业。在严格落实财税等扶持优惠政策的基础上，鼓励和引导企业加大研发投入，并成立产业引导基金，制定高新技术企业培育方案，建立高新技术企业培育体系，推动一批市场前景好、成长性高的企业发展成为高新企业，重点打造一批有国际竞争力的"高精尖"企业。三是构建创新创业孵化器育成体系。构建前孵化器、孵化器、加速器、专业园区相结合的全过程全要素孵化、差异化服务的孵化培育体系。创新孵化模式，强化新业态的创业孵育功能，建设一批特色鲜明的专业孵化器。重点推动文化创意产业孵化平台、电子商务产业孵化园、港口镇科技企业孵化园的构建，提高科技企业孵化成功率。

2）吸引并培养创新适用人才。根据产业发展需求，将人才链、产业链与创新创业链紧密结合。一是发挥区位优势，吸引高端创新人才。主动对接广州、深圳，在高新技术产业、互联网产业等领域，积极探索人才发现、激励、使用、服务的有效措施。以产业联盟、标准联盟为纽带鼓励人才协同创新，重点支持游戏游艺产业创新孵化器发展，培育新型创新创业载体和生产服务产业，为原创型成果生成、创新型成果转化搭建发展平台，吸引高端人才与科研团队。二是培养新型适用人才。加大新型适用人才培养力度，支持发展新型联合培养基地，着力培养应用型专业人才。加强与产业结构相匹配的产业人才队伍建设，培养、储备游戏游艺、创意展示、大数据、文化旅游等产业人才，促进人才与产业、技术"无缝对接"。实施"新企业家计划"，培育一支创新型青年企业家队伍。

3）加强科技创新能力建设。一是支持企业建立研发机构。围绕改造提升传统产业、大力发展战略性新兴产业、建设现代产业体系，引导行业骨干企业建设一批国家工程（技术）研究中心；推动新型研发机构与企业合作，积极探索风险投资和科技金融服务机制，推动科技成果的转化和应用。二是推动产学研平台建设。深化企业与大学等科研机构的产学研合作，组建产业技术创新战略联盟。通过联盟开展共性技术攻关，解决制约产业升级的相关难题。例如，动漫、游戏的三维场景制作及表演驱动设计技术、3D网络游戏引擎技术等。三是完善技术创新服务平台。尤其是深化游戏开发与电子商务技术服务平台、游乐设施无损检测中心等公共服务平台的服务，提供研发设计、检验检测、技术转移、大型共用软件、知识产权、标准、质量品牌、人才培训等服务，加快企业科技创新能力建设的速度。四是加强知识产权保护。以游戏游艺产业为重点服务对象，依托广东省版权基层工作站（港口），指导企业建立和完善内部版权管理机构和制度等。

（2）以积极开放构建国际化发展平台。

把握国家"一带一路"建设和广东省建设广州南沙、深圳前海、珠海横琴自贸区的机遇，提升开放型经济发展水平，承接国际技术转移并向海外推广自主技术构建国际经济平台，加快外贸转型发展并探索对外开放新机制。

1）在全球化背景下发展更高层次的开放型经济。充分利用中山市和港口镇的公共服务平台，例如中国科学院北京国家技术转移中心——中山中心、港口镇驻德国招商办事处企业服务平台等，拓宽开放空间。围绕智能装备制造、仪器设备、复合材料、纳米技术、环保技术、可再生能源等重要产业领域，在全球范围内整合相关资源；积极搭建技术检测、资本合作、科技产业孵化等公共服务平台，学习"工业4.0平台"、知识产权保护、技术创新应用及收益分配、技术人才培养、管理等方面的经验，为产业发展提供优质服务支持。

2）提高利用外资和对外投资水平。立足于创意展示与游戏游艺行业的优势资源，吸引外资投向战略性新兴产业和现代服务业。引导优势产业"走出去"，瞄准科技、智力、品牌等高端资源开展境外投资。鼓励有条件的企业和金融机构在境外市场募集资金用于支持"走出去"项目。

3）促进外贸发展转型升级。重点扩大自主品牌、自主知识产权、自主营销网络和高技术含量、高附加值产品出口，促进游戏游艺等产品的出口。引导企业自主研发，创建商品和服务品牌，开拓新兴市场。大力发展服务贸易，探索文化创意、动漫游戏等新型文化服务出口。同时，积极扩大进口。鼓励传统装备企业开展技术改造，促进先进技术、关键设备、重要零部件进口。

（3）以转型升级优化产业结构。

鉴于港口镇经济发展动力相对不足、产业结构亟待优化的现状，积极推动产业向高端化、智能化、集约化发展，培育壮大战略性新兴产业。以产业创新抢占高端产业和产业的高端环节，增强经济持续增长动力。

1）推进供给侧结构性改革。一是培育形成新供给。以消费升级引领产业升级，推动传统产业从提高产品功效、性能、适用性、可靠性和外观设计水平入手，全方位提高供给质量。培育以动漫游戏、创意设计、网络文化等新兴文化产业为主的服务消费，培育互联网与协同制造、商业零售、文化、娱乐等产业跨界融合的信息消费，培育以生态旅游等为主的绿色消费和品质消费。二是加快产品服务升级。引导企业更加积极主动适应市场需求变化，支持企业通过提高产品质量、维护良好信誉、打造知名品牌，培育并提升核心竞争力。支持企业应用新技术、新工艺、新材料，加快产品升级换代、延长产业链条。积极引进和培育研发、营销方面有关的创新创业型企业，包括新型产品设计公司、创意产品设计公司、企业研发机构、产品营销公司与新型物流公司，协助游戏游艺等行业生产高附加值产品。

2）推进新型专业镇建设。一是大力实施"文化创意名镇"战略，按照"文化+"的产业发展路径，以游戏游艺产业圈、日先文化创意产业圈、大南文化生态产业圈三大产业圈，不断完善空间布局，逐步形成文化创意产业空间新格局，打造有统筹、有技术、有活力、有张力的新型专业镇。二是大力培育现代产业集群，坚持集群发展，龙头带动。以产业链为纽带，通过兼并重组、相互持股等方式加强产业协作，培育要素配置更集约、协作关联更紧密的产业集群。以游戏游艺与创意展示"双轮驱动"的专业镇发展模式，推动游戏游艺产业产品更新换代，提高产品功能、体验感、质量，结合镇内电子商务平台，探索新型购销模式，推动游戏游艺与创意展示向"销售创意""销售设计"的创新模式发展。

3）培育并壮大先进制造业。一是鼓励发展先进装备制造业。围绕智能制造等重点领域，突出发展高精尖装备。加强政策支持，着力推进一批重大项目建设，提升产业发展层次。围绕发展"高精尖"装备制造业的产业定位，开展靶向招商活动。二是推动制造业智能化改造。以提高装备智能化率、成果转化率、劳动生产率、产品优等率、节能减排率、土地产出率和生产安全率为主攻方向，推动现有产业实施新一轮智能化技术改造。推动生产装备数字化，鼓励企业运用信息技术改造提升落后的生产设备，推进生产过程智能化，鼓励企业积极制定或采用国际标准和国外先进标准，提高产品生产标准水平，按更高标准对生产工艺流程进行智能化再造。

4）做大做强现代服务业。一是合理布局港口镇服务业，建设电子商务产业基地、进口商品物流基地、城市"慢生活休闲游乐圈"基地。二是打造产业服务平台，包括文化创新服务、人才保障服务等。三是发展生产性服务业，推动生产性服务业向专业化发展、向价值链高端延伸，重点打造广东游戏游艺文化产业城等产业园区平台。积极培育新兴服务业态，包括现代工业设计、动漫游戏设计制作等文化创意，三维科技、软件工具开发、数字化仿真设计等研发与技术服务，以及新兴信息技术服务等。四是重点打造服务业发展载体，例如，基于广东游戏游艺文化产业城集聚区，打造"专业化、高端化、生态型"的一站式国际化高端游戏游艺产业集群。

5）大力发展"互联网+"。重点加强互联网在新兴业态、制造业、现代农业等方面的应用。一是引导企业利用互联网发展网络化制造、个性化定制等新型服务模式，从创意设计、品牌质量等方面提高消费品供给能力。鼓励游戏游艺企业利用"互联网+"，大力发展家庭式、娱乐性、休闲型电竞产业。支持企业利用移动互联网、云计算、物联网等新一代网络技术，发展创意经济、文化经济。二是加快推动互联网与制造业融合发展，运用互联网等通信网络，使工厂内外的万物互联，实现研发、设计、工艺、制造、质控、物流、服务、管理、决策全过程网络化、智能化。

2.2 港口镇游戏游艺产业发展情况

港口镇先后荣获国家卫生镇、全国环境优美乡镇、中国游戏游艺产业基地、广东游戏游艺文化产业城等称号。作为游戏游艺产业专业镇，港口镇在全国享有知名声誉。2007年，中山市游戏游艺行业协会成立，港口镇借助拥有全市1/3游戏游艺企业的优势，先后建立了中山游戏游艺产业基地和中山龙城（国际）游戏游艺交易中心。镇内所建立的广东游戏游艺文化产业城先后被授予"广东游戏游艺文化产业城全球采购中心""中国游戏游艺产业基地行业媒体中心""中山市文化创意产业园区""动漫人才和技术培训中心""知识产权交易中心""南方文化产权交易所游戏游艺交易中心""中山市游戏游艺创业园""中山市市镇共建服务业集聚区"等称号。

2.2.1 港口镇游戏游艺产业发展基础

2021年，广东省游戏产业营收规模达2322.7亿元，占全国比例约为78.7%，占全球网络游戏营收规模的25.9%。同时，2021年广东省移动游戏营收规模达1815.8亿元，占全国的80.5%；客户端游戏营收规模达467.2亿元，占全国的79.5%；网页游戏营收规模达28.6亿元，占全国的47.5%。[①] 港口镇依托广东省游戏游艺产业发展的良好基础，在经济发展中逐步形成了游戏游艺、家具、电子、食品、五金等传统产业和智能装备、信息电子、文化创意、现代服务业等现代产业共同发展的产业体系。

（1）产业发展的品牌及组织基础。

港口镇在产业发展方面已经形成了较好的基础，在总体环境、孵化器建设、配套服务方面都获得了相应的荣誉称号，建成了不同级别的基地、中心、产业集群或产业园区等。围绕游戏游艺主导产业，成立了相应的行业协会，并形成了相关重要产业品牌，如表2-3所示。

表2-3   港口镇产业发展的品牌及组织基础

类别	品牌及组织基础
总体环境	国家卫生镇；全国环境优美乡镇；广东省宜居示范城镇
孵化器	中国电子商务孵化示范基地；中山市创业孵化示范基地
配套服务	广东省教育强镇；动漫人才和技术培训中心；广东省版权基层工作站；广东省作品著作自愿登记代办机构；广东开放大学动漫学院教学科研基地
产业品牌	中国文化娱乐产业基地；中国游戏游艺产业基地；中国游戏游艺产业基地行业媒体中心；广东动漫游戏游艺产业集群；广东游戏游艺文化产业城全球采购中心；中山市文化创意产业园区；南方文交所游戏游艺交易中心
产业组织	中山市游戏游艺行业协会；中山市文化产业促进会

---

① 《2021年广东游戏产业数据报告》，广东省游戏产业协会发布，2022-01-05。

其中，广东游戏游艺文化产业城作为游戏游艺产业重要的转型升级平台，为企业提供了研发设计、知识产权、检验检测、展示交易、人才培养、金融支持六大服务平台，助力企业从"中山制造"走向"中山创造"。

（2）主要企业发展情况。

2020 年，港口镇有各类企业 3246 多家，在全市占比 2.69%。其中，规上限上企业 45 家，"四上"企业 230 家。拥有中国驰名商标企业 2 家、广东省名牌名标企业 16 家，新三板上市企业 1 家，上海股权交易中心挂牌企业 1 家。产业级基地 2 个，高新技术企业 87 家，市级以上工程技术研究中心 41 家，市级以上企业技术中心 9 家，博士后创新实践基地 1 个，基层版权工作站 1 个。在游戏游艺产业方面，主要企业有：

1）中山市智乐游艺设备有限公司。该公司成立于 1997 年，集大型游戏游艺设备的研发、生产、销售、经营为一体，是国家高新技术企业，也是中山市游戏游艺行业协会的常务副会长单位。拥有"智趣乐园""乐趣时代"①"哇哇鸡"等连锁游乐场品牌，经营管理 50 多家 1500 平方米以上室内游乐场所。

2018 年，智乐游艺联手动漫卡通巨头奥飞娱乐，结合人气 IP《超级飞侠》推出定制观光小火车，并取得了该产品的全球销售权。智乐游艺的主要产品包括无轨火车、旋转木马、嘉年华彩票机等，经过多年沉淀和积累，其品牌和产品在业内具有极高的知名度。公司重视产品在创意及设计上的个性化、主题化，承载IP 与其共同发展；用人工智能（AI）技术等科技创新推动产品转型升级；并重视跨界合作、产品多元化，拓展市场空间；积极推进游戏游艺产品与多种业态有机结合的研究，成为产品多元化、国际化的大型文化娱乐用品提供商。

2）中山金马游艺机有限公司。该公司创建于 1965 年，集游艺机游乐设施的研发、制造、经营于一体，是全国最具规模的游艺机游乐设施专业设计与制造企业。目前，该公司是中国 500 家最大机械工业企业之一、中国文教体育用品制品业 100 家最大企业之一、国际游艺机游乐园协会会员和中国游艺机游乐园协会常务理事单位、全国索道游艺机及游乐设施标准化技术委员会单位委员。

公司拥有 13 大类近 200 个游艺机品种，取得国家专利累计 21 项，获省市科技进步奖 10 余项，碰碰车、跑车曾获部优产品称号，太空飞车、碰碰车曾获中

---

① 资料来源：《中山市港口镇 2020 年政府工作报告》。

国游艺机开发奖、金奖等称号。部分中小型产品批量出口韩国、以色列、菲律宾、约旦、越南、埃及等国家。公司已具备了对大型项目、主题项目的开发设计制造能力，先后完成了"北极探险""热带雨林""神奇小鸭"等多个项目的主题设计方案。

3）广东世宇科技股份有限公司。该公司成立于1994年，是一家集科研、生产、销售、服务为一体的大型游戏游艺设备企业，也是行业中规模大、实力强的大型国际化企业，先后被认定为高新技术企业、中国驰名商标、广东省和国家文化出口重点企业。公司产品出口近100个国家和地区，已成为国际市场上有影响力的品牌，是我国游戏游艺行业中主要的出口企业之一。

公司发展前景主要包括四个方面：一是广泛拓展新兴领域，融合VR/AR、人工智能技术、区块链技术以开发游戏游艺产品；二是发展消费类产品，拓展"泛娱乐"市场，搭建互联网大平台，实现跨界跨越发展；三是科技创新推动转型升级，成为全行业科技创新和转型升级的开拓者；四是建设成为创新型、多元化、国际化的大型文化娱乐用品提供商。

（3）港口镇基础设施。

1）交通方面：坚持交通优先，强化对外衔接，加强与深中通道、深茂铁路、南中高速、中莞城际、广中珠澳城轨等区域性交通动脉的对接。畅通镇内交通网络，全面完成相关路段的扩建改造工程，以及居民出行畅通工程、农村硬底化道路。新增公交线路，新建（改造）公交候车亭、公共自行车站点等。

2）生活设施方面：改造饮用水管网，新增燃气管道。镇内设有日供水量80万吨自来水厂，并建有容量达18万千瓦的110千伏、220千伏变电站，保证了镇内工业、农业、生活等用水、用电需求。基础配套设施不断完善，新增道路停车位1209个，改造供水管9.14千米，电力设施110千伏群乐站投入使用。[①]

3）城市人文生活方面：围绕粤港澳大湾区建设和中心组团发展，进一步优化城市空间布局。加强对岐江新城港口片区、中心区等重点片区城市设计，努力营造以人为本的城市公共空间。重视建设中山湿地公园、青少年活动中心、图书馆等公共文体设施群落。

---

① 资料来源：《中山市港口镇2021年政府工作报告》。

（4）港口镇自然生态环境。

1）污水处理方面：实施污水处理厂提标改造和污水管网改造工程，持续改善水环境质量；深入开展水污染治理，2021 年，岐江河（港口段）流域综合整治行动取得明显成效；完成污水处理厂主体工程，基本实现中心城区雨污分流全覆盖。建立畜禽养殖禁养区管理长效机制，加强畜禽养殖污染治理，强化农业面源污染防治。

2）水环境治理方面：加快推进黑臭水体综合整治，实施中小河流综合治理试点工程，整治河涌河岸，2021 年河涌水质排名全市第五位；大力开展镇内水环境整治工程，新建（重建）水闸，疏浚河涌，整治内涝点，全面提升对台风、洪水、内涝的防御能力。做好饮用水源地保护工作，加强对保护区违法建设项目及建筑的清理整治。

3）全民绿化行动方面：持续建设湿地公园、街心绿化公园、绿道。全部村（社区）创建为"省级卫生村"，并重视建设"市级生态示范村""市级秀美村庄"。深入创建"广东省森林小镇"，提高镇绿化覆盖率。大力引导企业节能降耗，鼓励企业开展清洁生产。保持万元 GDP 单位能耗继续下降，空气质量指数保持在二级以上。

2.2.2 港口镇游戏游艺产业发展总体现状

（1）重点文化产业项目。

1）文化城项目。2013 年 5 月，港口镇建设广东游戏游艺文化产业城（以下简称"产业城"）项目。该项目是全国首个游戏游艺产业城融合项目，由中山游戏游艺龙头企业——中山市世宇实业有限公司、中山市金龙游乐设备有限公司发起建成的中山新世界游戏游艺文化产业发展有限公司（以下简称"新世界公司"）投资。产业城是中山市首个集科技研发（文化创意、软件开发）、展示交易、产业服务、旅游体验为一体的产业发展与城市建设相结合的文化产业项目，已被纳入中山市和广东省重点建设项目以及中山市"三重项目"备选项目，2019年 11 月获得省级文化产业示范园区荣誉称号。

2）游博会。第 15 届中国（中山）国际游戏游艺博览交易会，于 2022 年 11月在中山市举办，集中展示了全球最新的游戏游艺产品及技术，重点推介中国游戏游艺产业的最新发展成果，在电玩娱乐、数字文旅、景区装备、水上休闲运动、景区文创、冰雪旅游、大型游乐园设备、动漫游戏等领域，为全球游戏游艺企业提供开放的信息交流、产业合作、技术研发、产品销售平台，提供资源合作和对接服务，促进国内外游戏游艺行业交流与合作的全方位升级。

（2）重点游戏游艺企业（见表2-4）。

截至2020年，港口镇游戏游艺企业达125家，产值33亿元，产值约占全国游戏游艺机产业总产值的60%，出口约占70%份额。其中，产业城入驻游戏游艺上下游及文化创意企业50多家。

表2-4 港口镇部分重点游戏游艺企业

序号	公司简称	主营业务
1	金马	游艺设备（动漫元素融入游乐设施）
2	金龙	游乐设备现代化生产
3	世宇科技	游戏游艺大型国际化企业
4	华立科技	大型游戏产业
5	星艺娱乐	儿童游戏玩具生产
6	金鹰游艺	游乐设备现代化生产
7	Raw Thrills	街机视频游戏机（出口）
8	Uniana	街机视频游戏机（出口至韩国）
9	希力科技	动漫游戏产品研发、提供互联网文化服务、动漫影视产品制作
10	Kangle	游乐设备制造
11	金巴斯	动漫游乐设备研发、生产
12	AEON Fantasy	儿童水上游乐设备生产
13	太田	电子游戏机娱乐服务（基地：中国香港）
14	大象艺术	环境技术工程
15	智乐游艺	游乐设备现代化生产
16	Game	游艺机生产
17	日东科技	游艺游戏研发、生产
18	RedSun	娱乐设备现代化生产
19	乐斯高	游乐设备研发、生产
20	金信	游艺机生产

序号	公司简称	主营业务
21	广益机械	游艺机制造
22	爱乐	亲子游乐产品生产

（3）公共服务平台。

港口镇着力打造创新"孵化器"建设体系，逐步建成麦芒科创空间、展示服务业集聚区等6大产业孵化园。分别成立了国家级科研基地2个、市级技术中心8家、产学研平台4个、博士后培养点1个、基层版权工作站1个。其中，游戏游艺产业城搭建了"一个中心、六个公共服务平台"，即建设产业园党群服务中心，建设创业孵化平台、检验检测平台、展示交易平台、知识产权平台、人才培育平台、金融服务平台。此外，港口镇积极推动"互联网+"行动，电子商务领域企业已达118家。

2.2.3 港口镇游戏游艺产业的环境分析

（1）政策环境分析。

近年来，国家、省、市各级政府先后出台了各项支持文化和旅游产业高质量发展的相关规划和政策，其中，涉及游戏、动漫、影视、游乐设备、会展等游戏游艺产业的细分环节，为港口镇游戏游艺产业的发展创造了良好的政策环境（见表2-5）。

表2-5 2018~2022年各类文化和旅游产业发展相关促进政策

出台机构	政策名称	主要内容	出台日期
文化和旅游部	《国民旅游休闲发展纲要（2022-2030年）》	进一步优化我国旅游休闲环境，完善相关公共服务体系，提升产品和服务质量，丰富旅游休闲内涵，促进相关业态融合	2022
文化和旅游部	《"十四五"文化和旅游市场发展规划》	健全现代文化产业体系、完善现代旅游业体系、完善现代文化和旅游市场体系、推进文化和旅游融合发展等	2021

续表

出台机构	政策名称	主要内容	出台日期
文化和旅游部	《"十四五""一带一路"文化和旅游发展行动计划》	部署三大任务、十二个专栏	2021
商务部办公厅	《关于创新展会服务模式培育展览业发展新动能有关工作的通知》	加快推进展览业转型升级和创新发展、积极利用展会平台开拓国际市场等	2020
文化和旅游部	《关于推动数字文化产业高质量发展的意见》	夯实数字文化产业发展基础、培育数字文化产业新型业态、构建数字文化产业生态	2020
国务院办公厅	《关于进一步激发文化和旅游消费潜力的意见》	着力丰富产品供给、推动旅游景区提质扩容、发展假日和夜间经济、促进产业融合发展等	2019
文化和旅游部	《游戏游艺设备管理办法》	加强游戏游艺设备管理,规范娱乐市场秩序,促进行业健康发展	2019
国家发展改革委办公厅	《关于建立特色小镇和特色小城镇高质量发展机制的通知》	建立规范纠偏机制、典型引路机制、服务支撑机制等	2018
文化部	《动漫游戏产业"一带一路"国际合作行动计划》	发挥动漫游戏产业在文化产业国际合作中的先导作用,面向"一带一路"各国,聚焦重点,广泛开展	2017
国家发展改革委、国土资源部、环境保护部、住房城乡建设部	《关于规范推进特色小镇和特色小城镇建设的若干意见》	准确把握特色小镇内涵、遵循城镇化发展规律、注重打造鲜明特色、有效推进"三生融合"等重点任务	2017
广东省商务厅	《广东省推动会展业高质量发展若干措施》	大力培育会展业经营主体、优化壮大会展项目、规范行业市场秩序、鼓励会展模式创新、推进绿色生态会展、加强粤港澳会展业合作与交流等	2021
广州市人民政府办公厅	《广州市促进文化和旅游产业高质量发展若干措施》	打造文化和旅游特色品牌、推进文化和旅游新业态发展、促进"大文旅"融合发展、做强文化和旅游装备制造业等	2021
广州市人民政府办公厅	《关于加快文化产业创新发展的实施意见》	巩固和壮大数字内容产业、打造动漫游戏业之都、推进传媒影视融合发展、打造全球文化装备制造中心等	2018

资料来源:作者整理。

截至 2021 年 5 月，广东省共有 142 个特色小镇培育对象纳入全省特色小镇清单管理名单，在全国占比达 9%。[①] 特色小镇的产业发展水平、创新发展能力、吸纳就业能力和辐射带动能力显著提高，成为新的经济增长点，而港口镇 2017 年已入选中山市首批特色小镇。

（2）经济环境分析。

《珠三角全域规划》提出构建珠三角新的城镇体系结构，中山市在西岸城市中脱颖而出，进入第二层级城市。中山市各城镇的情况比较见表 2-6。港口镇位于中山市的市域主中心，可以借助于中山市的城市层级提升，进一步改善自身经济环境。

表 2-6　港口镇所在中山市的情况比较

城镇等级	城镇名称	城镇类型	城镇职能
市域主中心 （中心城区）	火炬开发区	综合服务型	生物医药、装备制造、新能源、战略性新兴产业核心平台
	石岐区		现代综合服务核心
	东区		商务办公、金融保险
	西区		电气机械、健康产业
	南区		电梯制造、北斗物联网
	五桂山		生态旅游、教育产业
	港口		游艺设备
市域副中心 （中心镇）	小榄		音像制品、五金生产、区域生产性服务中心
	三乡		古典家具、区域生活服务中心

港口镇是目前国内最大的游戏游艺设备生产基地和集散地之一，并成为中国游乐产业的风向标。镇内金马、金龙、世宇、智乐等龙头企业已经在产业城内落地，并将吸引更多游戏游艺产品制造及相关配套企业向产业基地集聚。

但同时，港口镇以制造企业为基础的产业能级较低，创新不足，主要表现为：①游艺产业数量相对较少，整体集聚度低，且在物质空间环境方面与游艺主题不匹配；②生产性服务业（包括金融、咨询、通信、物流及专业服务等）以

[①]　资料来源：《中国特色小镇 2021 年发展指数报告》，《广东省发展改革委关于公布广东省特色小镇清单管理名单的通知》。

及现代商贸业缺失，不利于产业整体水平提升，也不利于全产业链的贯通；③以五金制造、家具制造为主的低端制造业仍然大量存在于规划区内，并且以水泥厂、混凝土生产为主的工业较多，且占据较好的地理位置，对规划区内的环境造成严重影响；④除金马、金龙、世宇等少数知名企业之外，其余游艺产业发展水平较低，规模较小，多以低端制造业为主，产业类型重复严重，创新能力不足；⑤随着网络游戏、手机平台游戏等新兴游戏产业的兴起，传统游艺制造产业同样面临巨大冲击。

（3）"一带一路"环境。

在"一带一路"建设尤其是与东盟动漫游戏产业的合作方面，中国具有五种合作潜力，港口镇应当充分重视并加以利用。

1）"互联网+"带来的机遇。一是李克强提出制定"互联网+"行动计划；二是文化部印发《文化部"一带一路"文化发展行动计划（2016—2020年）》，鼓励中国—东盟博览会等综合性平台设立文化交流板块，推动动漫游戏产业"一带一路"国际合作；三是国家文物局、国家发展和改革委员会等联合印发的《"互联网+中华文明"三年行动计划》；四是信息产业部印发的《关于贯彻国家西部大开发战略进一步推进西部地区信息产业发展的意见》；五是国务院批准国家发展和改革委员会牵头制定的《中国—东盟信息港建设方案》。

2）中国—东盟动漫制作发行市场有空间。中国对于东南亚国家动漫的代工制作、代理发行、联合发行空间巨大。

3）中国—东盟移动游戏市场方兴未艾。东南亚六大主要移动游戏市场为越南、泰国、印度尼西亚、马来西亚、菲律宾、新加坡，这六大移动游戏市场规模超过3.09亿美元；2016年，中国游戏进入上述国家游戏应用TOP200的数目分别为14款、29款、27款、32款、29款、26款，其中，越南移动游戏市场占东南亚40%的份额。

4）东盟国家市场基础较好。东盟国家华人华侨多，是华语动漫游戏作品的潜在受众和玩家。东盟各国总人口6.26亿，华人总人口数超过3944.66万，华人华侨占总人口的6.3%。东盟各国针对中国公司有相应的优惠政策；东盟各国的用工成本相对便宜；东盟各国与中国地理接近，生活习惯和文化背景相似。

（4）社会文化环境。

港口镇有水、湖、田、园，绿色资源丰富，生态环境质量较好。并且，具有积淀厚重的沙田文化和岭南文化，有利于港口镇进行自然生态和社会生态的建设。但同时，港口镇的社会文化环境仍然存在不足，主要表现为：

1）城镇化水平较低，整体建设环境较落后。城镇化滞后于工业化，规划区内物质建设水平偏低，整体环境仍然呈现出"城乡接合部"的落后状态。

2）公共服务设施、基础设施配置滞后。医院、幼儿园等重要公共服务设施缺失较多；基础设施建设水平同样有待提高；城市生活服务功能欠缺，商业格局层次较低。

2.2.4　港口镇游戏游艺产业发展前景

（1）游戏游艺产业转型升级的背景。

广州是"海上丝绸之路"的起点，也是中国最早的对外贸易始发港和商品货物集散地。在粤港澳大湾区的引领和驱动下，广州在发展新技术、新业态、新产业方面前景广阔。港口镇借助这一重要机遇和优势，在国内外特别是"一带一路"建设中，可以充分进行游戏游艺产业的转型升级。

1）政策背景。2015年国家"一带一路"建设统筹了国内国际两个市场，成为推动产业"走出去"的强大动力。同年国务院发布《关于推进国际产能和装备制造合作的指导意见》，明确提出要"推动经济结构调整和产业转型升级，实现从产品输出向产业输出的提升"，并"积极参与境外产业集聚区等合作园区建设"，为产业"走出去"提供了创新的商业运作模式。进一步地，在游戏游艺产业方面，2017年1月的全国文化厅局长会议指出，要"制定推动数字文化产业创新发展的指导意见和动漫游戏产业'一带一路'国际合作行动计划"，为游戏游艺产业转型升级进一步明确了发展方向。

2）经济背景。一是提升进出口结构，拓展产能。在产业结构升级方面，采取"进口—生产—出口"的模式，引进先进技术、资源性产业等拉动产业结构升级；在构建分工体系方面，推动产品和技术"走出去"，借助"一带一路"区域产业链融合优势构建区域多层次产业分工体系。二是完善市场机制，优化经营环境。在企业开拓能力提升方面，通过加强基础设施建设及政策构建，提升企业盈利能力，尤其是向高技术水平转变的能力，以开拓国际市场；在外商投资环境改善方面，拓宽融资渠道，给予外商投资企业宽松稳定的市场环境，改善其市场预期并增强信心，提升其盈利能力，从而使其在转型升级中发挥更大作用。三是深化供给侧改革，倒逼转型升级。在寻找新的有效需求方面，在"一带一路"建设背景下发现更多有效的市场需求，并通过向消费多样化、差异化、个性化的供给侧着力，把握市场需求；在实现高效对接方面，借助培育或引进核心企业、纵向产业链延伸和横向配套链完善、特色小镇与产业园区合作等方式进行高效的资源与市场对接。

3）发展趋势。一是强大的市场需求与供给能力。1990~2013年，"一带一路"区域整体GDP年均增长速率达到5.1%，相当于同期世界经济增速的两倍。2010~2013年，全球经济缓慢增长期间，该区域年均增速仍达到4.7%，高于世界平均水平的2.4%，且该区域对世界经济增长的贡献率达到41.2%。二是对区域合作的重视与支持。沿线国家可以促进区域内要素自由流动、提高资源配置效率、推进市场深度融合，从区域合作中分享经济增长的红利，最大限度地发挥各自优势，探索符合各自国情的发展道路。三是欧洲积极推进和融入。欧洲并不能仅仅依靠与美国的联手推动经济振兴，其先后提出的地中海联盟、俄欧新关系等思路也始终没有收到很好的效果。"一带一路"形成亚欧大陆经济合作的大格局，比欧盟预想中的经济合作范围更大，效果也更好。

4）实现途径。一是中国和中亚南亚国家、俄罗斯、欧盟国家共同建设"一带一路"，形成亚欧区域经济一体化发展大格局。二是中国和东盟国家共同建设"一带一路"，打造中国—东盟命运共同体。三是中国和阿拉伯国家共同建设"一带一路"，不断深化中阿战略合作关系。四是中国各地加强产业对接合作，坚持"引进来"与"走出去"相结合。例如，2017年以来，中国—东盟博览会连续举办动漫游戏展，以此建立中国—东盟动漫游戏产业基地，促进产业转型和发展，帮助中国动漫游戏企业开拓和投资东盟市场。

（2）"一带一路"建设对游戏游艺产业转型升级的要求。

"一带一路"建设中的民心相通包括教育、旅游、医疗、科技、文化等多层面的民间合作。

1）国际文化产品出口贸易格局。2010年，中国超越美国成为世界文化产品第一出口大国，并连续四年高居榜首。2019年，中国文化产品进出口总额1114.5亿美元，同比增长8.9%。其中，出口998.9亿美元，增长7.9%，进口115.7亿美元，增长17.4%，贸易顺差883.2亿美元，规模扩大6.8%。从类别来看，文化用品、工艺美术品及收藏品、出版物出口增长较快，增幅分别为

11.7%、5.6%和4.8%。从国别和地区看，中国对东盟及欧盟出口增长较快，分别增长47.4%和18.9%；对"一带一路"沿线国家出口增长24.9%；对美出口下降6.3%。从数量上看，中国文化产品出口结构不合理，主要集中在附加值较低的文化制造业领域；而美国和欧洲等国家和地区集中在高附加值的版权、设计和创意产品等高端市场。中国文化产业在内容生产领域缺乏国际竞争力，中国文化印记严重缺失。从管理上看，中国文化不仅缺乏管理经验，产业关联性不强，而且对文化产品的知识保护力度薄弱。

2）文化产业结构有不断优化的趋势。目前，各地文化创意产业的结构不断优化，新兴文化产业增长速度快于行业总体水平。以上海市为例，创意设计服务占比近40%；传统文化产业比重持续缩小，降至约25%；文化相关产品生产保持稳定增长，占比约35%。文化产业结构的优化带来更大的价值。在文化产业中，以设计、创意、动漫等为主导产业的文创园在租金方面具有更加明显的优势。并且，这种优势不仅表现在国内（如上海，见表2-7），也是"一带一路"沿线国家对游戏游艺产业转型升级的要求。

表 2-7 上海市虹口区各类文化创意园区租金对比

序号	文化创意园区名称	租金（元/天/平方米）	所在区域其他地块租金（元/天/平方米）	特色	主导产业
1	1933 老厂坊	5~8	1.8~2.2	上海工部局宰牲场	建筑设计、时尚设计、工业设计
2	1930 国际设计园	4~8	1.8~2.2	老货栈	建筑设计、城市设计、动漫
3	上海花园坊节能环保产业园	4~6	4.6~6.4	建筑改造	节能环保
4	1929 Art Space	4.5~5	4.5~5.5	洋行码头仓库旧址	设计、国际艺术
5	复城国际 BLOCK	3.5~4	2.3~3.5	原八一电影机械厂	中高档休闲业态和商务配套
6	法兰桥创意园	3~4.5	2.8~3.5	原上海市电子管二厂	创意设计、广告传媒、时尚办公

续表

序号	文化创意园区名称	租金（元/天/平方米）	所在区域其他地块租金（元/天/平方米）	特色	主导产业
7	卢比克魔方	3~4	1.8~2.5	上海电子仪表老厂房	设计、咨询策划、动漫
8	北外滩111艺术园	3~3.9	1.8~2.2	粮仓	文艺创作、创意
9	半岛湾时尚文化创意产业园	3~4.5	1.8~2.2	上海电气集团厂房	时尚、音乐创作、文化展示
10	1876老站创意园	3~3.5	2.8~3.2	淞沪老火车站	电子商务、低碳节能
11	ID657文化创意园	2.8~3	2.5~3.5	环上海大学	影视、创意文化
12	1315创意园	2~2.5	2.8~3.2	老厂房	制造业、物流业

资料来源：笔者根据创意园区及周边地块招商信息整理。

3 港口镇游戏游艺产业选择与定位

在对游戏游艺产业的产业结构以及细分产业发展现状与趋势进行分析的基础上，结合港口镇产业发展的内部和外部环境，在坚持科学原则的前提下，设置产业的选择指标体系，最终确定港口镇应当重点发展的游戏游艺主导产业。

3.1 港口镇游戏游艺主导产业选择的原则

（1）产业生态与自然生态、社会生态相结合。依据产业生态要求，围绕游戏游艺产业形成纵向上下游与横向服务的综合性、创新型产业系统；依据自然生态要求，加强对港口镇生态环境的保护，形成宜居宜业宜游的美丽小镇；依据社会生态要求，重视区域社会化服务供给，加强高质、复合的公共服务设施和基础设施建设，提升服务水平。以产业生态为核心，结合三种生态的系统发展要求选择具体业态，形成小镇特色。

（2）资源禀赋特色与产业转型升级相结合。基于港口镇游戏游艺产业在发展过程中形成的区域品牌、入驻企业等禀赋，因地制宜地整合相关资源，并融合较好的自然环境、岭南文化等形成港口镇的发展特色。同时，在现有产业基础上，通过产业选择，推动游戏游艺主导产业向专业化和价值链高端环节延伸，相关配套产业向精细化和高品质转变。从内容创新、产品创新、形态创新等方面驱动完善产业创新体系和经济格局。

（3）产业发展与区域发展相结合。围绕产业特色小镇在主导产业、区位条件、核心配套需求、主要成本、盈利渠道、开发主体核心竞争力等方面的基本要求进行产业选择，并有层次、分阶段地进行统筹安排。在研究产业内在因素的同时，着重考虑区域要素结构、区域在全国分工中的比较优势及其在国家宏观产业政策实施过程中所处的战略地位。只有选择那些能够充分发挥区域比较优势的产业作为主导产业，才有可能使港口镇经济快速、持续、稳定发展。

3.2 港口镇游戏游艺主导产业选择的综合指标

依据港口镇游戏游艺主导产业选择的原则，从产业和区域两个维度构建主导产业选择的指标体系，形成产业吸引力和区域拉动力的一级指标，并将二维因素纳入矩阵，形成主导产业的选择矩阵。

（1）产业吸引力指标。

产业吸引力指标用来选择并定位具有一定吸引力的产业，即考察被选产业目前的发展状况和未来发展的动力，考察其是否具有良好的发展基础与巨大的发展潜能，并能带动当地经济的快速发展。为了满足港口镇以特取胜的产业发展需求，本书本着科学性、可行性、可比性、稳定性和适度超前性的指标选择原则，明确了产业吸引力的测度指标（见图3-1）。

产业吸引力评价是一个典型的多指标综合评价问题，对于各指标权重的确定有很多方法，例如专家打分法、层次分析法、主成分分析法等。这里我们主要采用专家打分法来确定产业吸引力四项指标的权重分别为0.30、0.30、0.35、0.05。

（2）区域拉动力指标。

区域拉动力指标用来分析区域条件与产业的相关性程度，即某一产业在特定区域内是否具有良好的发展环境和基础，并能形成独特竞争力。为了从区域发展的角度推动特色小镇的发展，本书将基于产业特色小镇持续发展的要求，构建相应的指标体系（见表3-1）。

区域拉动力评价也是一个多指标综合评价问题，该评价体系将各级指标划分为优、良、中、差四个等级，并采用数据搜集、资料分析、实地勘察、专家研判等方法对各具体指标进行评价。

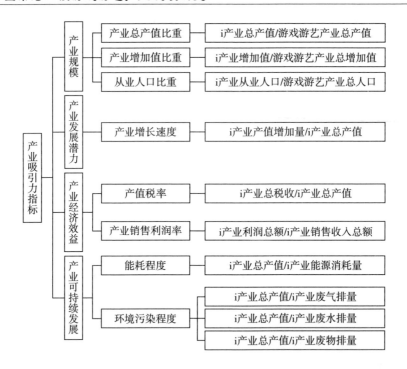

图3-1 产业吸引力指标体系

表3-1 区域拉动力指标体系

一级指标	二级指标	评价等级			
		优	良	中	差
政府支持	地方政府法规	支持	较支持	一般	不支持
	政府体制创新	很多	较多	一般	较少
	政府调控能力	支持	较健全	一般	不支持
资源环境	硬件设施	健全	较健全	一般	不发达
	交通环境	很发达	较发达	一般	较少
	对外交流	很多	较多	一般	较少
	特殊资源	多	较多	一般	较差
	金融环境	很好	较好	一般	较差
市场情况	产品潜在市场	好	较好	一般	较差
	替代品市场	不好	一般	较好	很好
	互补品市场	好	较好	一般	较差

续表

一级指标	二级指标	评价等级			
		优	良	中	差
技术研发	核心技术	好	较好	一般	较差
	科研机构	好	较好	一般	较差
	专业人才	好	较好	一般	较差
战略新兴性	产业关联性	强	较强	一般	较弱
	产业先导性	强	较强	一般	较弱
	就业带动性	好	较好	一般	较差
	产业全局性	好	较好	一般	较差

3.3 港口镇游戏游艺主导产业选择矩阵的建立

采用定量和定性的方法针对产业吸引力和区域拉动力进行综合打分，最后可以将游戏游艺产业各子产业根据自身的得分进行聚类分析，将各子产业归入主导产业选择矩阵的各个象限（见图3-2）。

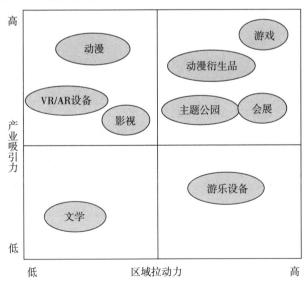

图3-2 主导产业选择矩阵

由主导产业选择矩阵可知，游戏、动漫衍生品、主题公园、会展四个产业在区域拉动力和产业吸引力两个方面均有强劲表现。同时，在游乐设备产业方面，港口镇当前虽然尚未在价值链高端形成较强竞争力，但具有较好的发展基础，在技术水平提升和高端环节延伸方面具有较大潜力。此外，在动漫、VR/AR 设备、影视等方面，这些产业具有广阔的发展前景，但在港口镇所呈现的区域拉动力不强。因此，综合考虑游戏游艺产业的发展特征和港口镇的区域情况，最终确定港口镇应当优先发展游戏、动漫衍生品、主题公园、会展四个主导产业，重点考虑游乐设备产业的转型升级发展，并长远布局动漫、VR/AR 设备、影视等产业。

3.4 港口镇游戏游艺产业发展愿景分析

基于上述分析，港口镇将重点发展以游戏、动漫衍生品、主题公园、会展为主导的游戏游艺产业，提升发展游乐设备等产业，并建设成为：

（1）中国游戏游艺内容创意的重要平台。形成独立游戏开发及人才会聚的集散地，创建有精品 IP 储备与创新的多样化平台，打造游戏游艺产业的核心环节，统领和引导港口镇游戏游艺产业的总体发展。

（2）亚洲重要的动漫衍生品研发制造中心。打造动漫衍生品的全产业链条，充分增强并利用动漫衍生品产业的黏性，提高其产业带动力并提升其技术研发能力，成为亚洲重要的研发制造中心。

（3）全球重要的游乐设备研发制造和出口基地。提升游乐设备制造的技术水平，延伸其产业链环节，在"一带一路"倡议等实施中，扩大出口，增加国际市场的占有份额。

（4）面向国际的游戏游艺展示体验中试重镇。设计策划主题公园、会展等场所经营活动，打造游戏游艺展示、体验、检测的应用平台，以游戏游艺主导产业为核心，完善面向国际的游戏游艺展示体验功能，及时、深入地了解市场。

4 港口镇游戏游艺产业发展的规划原则、思路、目标与路径

主导产业在产业结构中处于支配地位,具有比重较大、综合效益高、产业关联度高等特点,并且能够依托科技进步进行创新,推动产业结构优化升级。港口镇主导产业在发挥其应有作用的基础上,应当持续发展并能够在区域经济社会发展方面表现出较强的带动力。在主导产业发展规划原则的指导下,港口镇需要明确产业发展的总体思路,进一步确定产业发展的总体目标、阶段目标,并提出具体的发展路径。

4.1 规划原则

从系统发展的角度看,港口镇游戏游艺产业的持续发展需要坚持以下"四结合"原则:

(1)国家战略与区域战略相结合原则。

依据国家文化和旅游部《国民旅游休闲发展纲要(2022—2030年)》、《"十四五"文化和旅游市场发展规划》、《关于推动数字文化产业高质量发展的意见》,以及国家发展改革委办公厅《关于建立特色小镇和特色小城镇高质量发展机制的通知》(2018)、《广东省推动会展业高质量发展若干措施》(2021)、《广州市促进文化和旅游产业高质量发展若干措施》(2021)等,以游戏游艺产业为特色,大力推进创新驱动战略,培育发展具有自主知识产权的战略性新兴产

业。同时,充分考虑区域发展的阶段性,发挥游戏游艺产业在区域发展战略中的作用,促进两者的有机统一。

(2)总量扩张与结构性优化相结合原则。

在游戏游艺产业发展规模日益增大、前景向好的前提下,结合港口镇的各类资源要素禀赋,大力推进港口镇游戏游艺产业的技术、人才等要素规模快速扩张。同时,进一步优化游戏游艺主导产业结构,提高游戏游艺产品制造环节中高附加值产业的比重,合理延伸游戏游艺产业中的内容创意、场所经营等部分,优化港口镇游戏游艺的产业结构。

(3)产业发展与小镇发展相结合原则。

游戏游艺产业发展是港口镇总体发展的核心内容,产业定位与产业空间布局要充分考虑港口镇的特色及其整体发展的需求,充分考虑并协调好游戏游艺产业发展与小镇生活功能、生态功能实现之间的关系,形成以产业发展驱动区域发展的局面,促进小镇整体和谐共生发展。

(4)自身发展与辐射带动相结合原则。

在促进港口镇自身经济发展的同时,从技术、人才、产品等多方面发挥其对中山市以及广东省经济社会发展的辐射带动作用,使港口镇作为游戏游艺产业重镇的地位更加突出。进一步地,利用产业优势以及与日本、韩国、美国等国家在游戏游艺产业方面的关联性,并结合"一带一路"倡议,形成港口镇开放式创新的发展模式。

4.2 总体思路

港口镇游戏游艺特色小镇的核心在于游戏游艺产业的转型升级发展,全面理解和把控游戏游艺产业链条各环节的现状与趋势,充分利用并不断整合相关资源、延伸产业链条、培育价值高端,形成紧密围绕游戏游艺主导产业的主线明确、重点突出、层次清晰、功能多样的特色小镇发展模式。总体来看,港口镇需要依托现有的游戏游艺设备生产制造基础,通过"三业两链一核"的发展规划思路,打造游戏游艺特色小镇。

（1）形成三种业态。

"三业"是指港口镇游戏游艺产业的发展要在产业地图（见图1-1）二级层面上重点形成内容创意、生产制造、场所经营三种业态。

（2）打通两级链条。

"两链"是指产业地图三级层面上港口镇发展的主导产业要完善各自的子产业链，并不断补充二级层面的主产业链，同时形成链条间的有机融合。

（3）培植一个核心。

"一核"是指港口镇的游戏游艺产业以内容创意为核心，统领和引导港口镇游戏游艺产业的总体发展。

（4）形成"三聚"的发展模式。

一是"聚核"，引进产业链条中重要的龙头企业或培植升级现有重点企业，形成小镇经济发展的增长极；二是"聚链"，以龙头企业为核心，延伸和完善产业链，并形成配套服务链条；三是"聚镇"，深度融合链条发展，培植小镇高端品牌，形成小镇发展品牌化。

4.3 发展目标

4.3.1 总体目标

围绕港口镇游戏游艺产业发展的愿景，其总体目标是实现"四个一"工程：

（1）搭建一个中国游戏游艺内容创意的重要平台。形成游戏创意开发、人才会聚的集散地，创建有精品IP储备与创新的多样化平台，以内容创意打造游戏游艺产业的核心环节，统领和引导港口镇游戏游艺产业的总体发展。

（2）打造一个亚洲重要的动漫衍生品研发制造中心。不断完善动漫衍生品的全产业链，提升港口镇动漫衍生品产业的技术研发能力，并打造成为亚洲该产业重要的研发制造中心。

（3）形成一个全球重要的游乐设备研发制造和出口基地。提高游乐设备质量、敏捷、成本方面的竞争优势，在"一带一路"倡议下扩大港口镇游乐设备在国内外市场的占有份额，提升游乐设备的研发与制造水平，延伸其产业链环节。

（4）建设一个面向国际的游戏游艺展示体验中试重镇。设计策划主题公园、会展等场所经营活动，打造游戏游艺展示、体验、检测的应用平台，完善面向国际的游戏游艺展示体验功能，在培植应用产业的同时建设中试场所。

4.3.2　阶段目标

基于发展总体思路与总体目标，港口镇游戏游艺产业的发展分为三个阶段，即近期阶段（2020—2023 年）、中期阶段（2024—2025 年）和远期阶段（2026—2030 年），并以近期阶段为主。

（1）近期阶段（2020—2023 年）目标。

港口镇近期的发展大致包括规模扩张、提升发展、辐射带动三个具体阶段。这三个阶段均融合了"三聚"的工作内容，只是又分别突出了各自的发展重点。即第一阶段以"聚核"发展为主，重点吸引龙头企业入驻或培植升级现有重点企业；第二阶段以"聚链"发展为主，重点打造主导产业链条；第三阶段以"聚镇"发展为主，重点提升小镇高端品牌。

1）规模扩张阶段。本阶段发展具有游戏游艺特色小镇建设的基础性地位，主要就打造港口镇"四个一"工程做好基础性工作，着力发展主导产业中的生产制造环节，并以发展中场产业①为重点。同时，以独立游戏、IP 等培育内容创意环节，以主题公园、会展、体验等培植场所经营环节。

从经济角度讲，关键材料与核心部件是制造产业链中的主要经济增长点（见图 4-1）。首先，制造业总产值中有相当一部分是材料工业与核心部件的直接贡献；其次，制造产品附加值的提高主要是新材料广泛应用与核心部件控制的间接结果。本阶段为港口镇规模扩张阶段，即上规模。导向性目标主要包括：

——加快游乐设备生产企业的转型升级，引进高技术含量企业；

——引进动漫衍生品产业中的龙头企业，培植产业增长点；

——支持独立游戏产业的开创发展，营造创新发展的环境；

——提升游博会影响力，打造游戏游艺展示、体验、检测的应用平台。

---

① 中场产业就是指处于原材料工业与装配工业之间，能提供高性能材料和高功能零部件的产业，是技术含量高、增值大的环节，是整个制造产业链的核心，类似于足球运动中的中场队员。

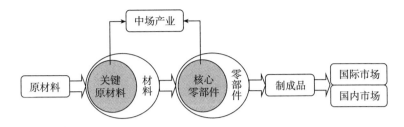

图 4-1　游戏游艺制造业产业链

游戏游艺制造产业链的发展必须以关键材料与核心部件为切入点与重点，提升各主导产业的竞争力，引领港口镇由"制造"向"创造"尽快演化。由此，优化港口镇的产业结构，提升价值，并在一定程度上缓解资源与能源的限制压力，增强产品与产业竞争力。

2）提升发展阶段。本阶段发展具有港口镇建设的关键性地位，主要就打造港口镇"四个一"工程做好产业链条的延伸与配套工作，稳固发展一批游戏游艺产业的重点项目，增强港口镇的展示体验功能。

产业发展具有明显的规律性，一方面表现为产业成长规律，即产业随时间推移所体现的纵向发展规律；另一方面表现为产业价值规律，即产业发展中的分解、融合、空间转移和空间集聚趋势。在此阶段，港口镇的发展遵循以上规律，打造完备的游戏游艺主导产业链条，完善相关配套产业。本阶段为港口镇提升发展阶段，即树优势。导向性目标主要包括：

——建立游乐设备研发制造的核心竞争力；

——形成针对"一带一路"国家的重要出口基地；

——建设成为省级新型工业化产业示范基地[①]；

——完善动漫衍生品研发制造产业链；

——构建游戏创意开发、IP 储备与创新的多样化平台；

——完善主题公园、会展产业链，完善面向国际的游戏游艺展示体验功能。

3）辐射带动阶段。本阶段的工作重点是在延伸和完善主导产业链条的基础上，增进产业链条之间的融合，形成企业及其他各主体间协同合作的互动提升局面

---

① 《关于深入推进新型工业化产业示范基地建设的指导意见》强调，要大力发展一批专业化细分领域竞争力强的特色产业示范基地（"小而美"）。

以及完善的港口镇产业布局结构，充分形成并利用港口镇游戏游艺的集群优势，进一步发挥港口镇的特色产业优势与品牌影响力，"以镇引商"，创中国一流特色小镇。本阶段为港口镇辐射带动阶段，即"创一流"。导向性目标主要包括：

——形成中国重要的游乐设备研发制造基地；

——形成针对"一带一路"沿线国家的重要出口基地；

——打造中国重要的动漫衍生品研发制造中心；

——形成游戏游艺内容创意产值比重不断提升的局面；

——打造检测认证等游戏游艺配套服务平台；

——建设游戏游艺展示体验的应用与中试场所；

——与周边地区形成明确的产业分工和协同关系；

——形成中国游戏游艺高端特色小镇品牌；

——建成国家级新型工业化产业示范基地[①]。

（2）中期阶段（2024—2025 年）目标。

本阶段基本完善港口镇游戏游艺的产业链，并实现港口镇游戏游艺产业的转型升级。导向性目标主要包括：

——形成全球重要的游乐设备研发制造基地；

——形成全球重要的游乐设备出口基地；

——打造亚洲重要的动漫衍生品研发制造中心；

——打造中国具有 IP 创新实力的游戏游艺内容平台；

——建成中国游戏游艺展示体验中试重要场所；

——形成中国重要的游戏游艺研发设计等高端服务密集区；

——实现产业发展与小镇空间、功能及生态环境的高度融合。

（3）远期阶段（2026—2030 年）目标。

本阶段实现港口镇以内容创意统领和引导港口镇游戏游艺产业的全面发展，在内容创意、生产制造、场所经营的全产业链条上实现国际化，并取得卓越的产业绩效。导向性目标主要包括：

——建成中国游戏游艺内容创意的重要平台；

——建成面向国际的游戏游艺展示体验中试重镇；

---

① 依据国家工信部《新型工业化产业示范基地创建有关要求》。

——形成链条完备且具有卓越绩效的游戏游艺产业重镇。

4.4 发展路径

总体来看，港口镇游戏游艺产业要依托"龙头企业—产业链条—产业集群—产业基地—创新基地"的发展路径，即"凝聚龙头，崛起新增长极；完善链条，占领价值高端；深化配套，构筑服务体系；创新提升，打响小镇品牌"（见图4-2）。具体包括以下四个方面：

（1）大力引进或培植龙头企业，依托优势产业转型升级。

大力引进或重点培植独立游戏、动漫衍生品、游乐设备、主题公园、会展等主导产业中的龙头企业，一方面，依托产业优势，积极提高相关产业的国内外市场份额；另一方面，抢占产业链的价值高端，实现传统产业的转型升级。

（2）培植主导产业增长极，延伸并完善产业链条。

基于游戏游艺产业地图（见图1-1）第四层级的现状与趋势分析，选择并培植主导产业的特定增长极，据此向上游和下游不断延伸并完善相应的产业链条，通过品质保证、经营模式创新等打造主导产业的独特竞争力。

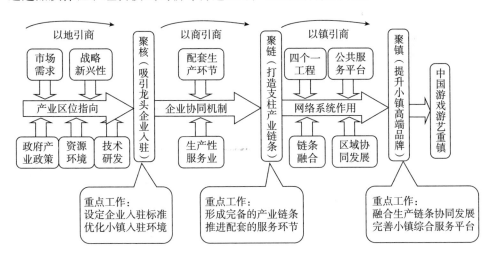

图4-2 港口镇游戏游艺产业发展路径设计

（3）深化横向配套服务，实现产业集群效应。

积极发展研发设计、检测认证、软件与服务外包等配套服务产业，打造游戏游艺展示、体验应用平台，为内容创意、生产制造以及场所经营等提供即时、准确的市场反馈信息，增强企业间互动合作，提高产业集群效应。

（4）促进游戏游艺内容创意开发，形成产业与创新基地。

依托港口镇游戏游艺集群效应，进一步提升品牌效应，形成游戏创意开发、人才会聚的集散地，并构建具有 IP 创新实力的重要平台，从而形成统领和引导港口镇游戏游艺产业总体发展的产业基地与创新基地。

5 港口镇游戏产业发展规划

游戏产业受科技发展水平的影响较大，应当对游戏产业的前沿技术进行分析，在了解其价值链分布和产业发展趋势的基础上，明确港口镇游戏产业发展的近期、中期和远期战略。

5.1 港口镇游戏产业发展定位

5.1.1 游戏产业价值链

根据公开的财务报表分析，游戏产业链的附加值较高，但各部分的利润分配并不均衡。游戏产业链上的企业盈利水平呈"微笑曲线"分布（见图 5-1）。曲线中间以代码编写为主；左边是内容创造，属于创新资源的竞争；右边是营销，主要是平台型的竞争。在游戏产业链中，附加值更多地体现在两端，即设计和营销环节，处于中间环节的代码编写业务附加值最低。

5.1.2 游戏产业前沿技术分析

（1）游戏超清化潜在需求大，但近期 4K 显示游戏尚未普及。画质精细度是消费者评判电子游戏尤其是 3A 游戏品质的重要标准，4K 显示技术使得精细度大幅度提升，为游戏玩家带来前所未有的视觉震撼体验，具有巨大的潜在商业价值。但同时，4K 显示技术的推广成本很高。对消费者而言，需要配备支持 4K 分辨率的显示器，高性能游戏设备，以及支持 HDMI、DisplayPort 等协议的线缆等；对游戏开发者而言，4K 显示技术的运用将使得游戏开发成本大幅增加。因此，4K 显示技术在游戏领域近期还难以大规模普及。

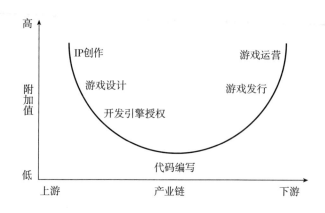

图 5-1　游戏产业价值链

（2）VR/AR 技术潜力巨大，但市场并未成熟。VR（Virtual Realky）即虚拟现实，又译作灵镜或人工环境，利用虚拟现实技术为用户创造出一个实时的、反映实体对象变化和相互作用的、具有较强沉浸感的、三维空间的虚拟世界。在 PC 平台上，较成熟的 VR 游戏设备有 Facebook 推出的 Oculus Rift、HTC 推出的 Vive 以及 Sony 推出的 PSVR。AR（Augmented Reality）即增强现实，也常被称为混合现实技术，是在虚拟现实的基础上发展起来的一种新技术，通过计算机系统采集并提供的视觉信息增加用户对现实世界的感知，能将虚拟的信息叠加应用到真实世界中，并将电脑生成的虚拟物体图像、场景图像或系统提示信息叠加显示到真实场景中，从而实现对现实视觉效果的增强。近期，任天堂、口袋妖怪公司与 Niantic 合作推出了 *Pokémon GO*（中文名为《宝可梦 GO》），一经面市便风靡世界。VR/AR 技术的逐渐普及为游戏提供了很多新概念、新方式、新方法、新内容。2021 年，全年全球 AR/VR 头显出货量达 1123 万台，同比增长 92.1%，其中 VR 头显出货量达 1095 万台。[①] 可见，VR/AR 技术市场潜力巨大，但由于产业链还未完善，导致其开发难度

---

① 资料来源：《全球 AR/VR 头显市场季度跟踪报告，2021 年第四季度》，IDC、中商产业研究院，2022 年 3 月 31 日。

高。同时，由于硬件设备普及率低，市场还未完全成熟。

（3）体感游戏在新技术支持下前景广阔，但操作系统尚不完善。体感游戏（Motion Sensing Game）是指由身体去感受、通过肢体动作变化来操作的新型电子游戏，突破了以往单纯以手柄按键输入的操作方式。体感游戏主要由游戏研发商为主机运营商提供游戏的内容开发，主机运营商主要有索尼、微软和任天堂三家。体感技术设备由接收器（红外接收器、摄像头、麦克风系统）、传感器和操作设备三部分构成。体感游戏由于具有身体操控、简便快捷、可支持多种嵌入式系统、主机游戏不易盗版等特点，发展前景广阔。但同时，也存在着操作系统不完善、游戏黏性差、优秀作品少等不足。

5.1.3　游戏产业发展趋势

（1）独立游戏发展迅猛，但发展环境并不成熟。独立游戏兴起，渐有与商业游戏齐头并进的趋势。由于游戏数字版本的分销平台如 App Store、Steam 的诞生以及 Unity 开发平台的推广，独立游戏的发展更为迅猛，渐有与商业游戏齐头并进的趋势。国外独立游戏正走向黄金时代，成功的独立游戏制作人建立基金，鼓励更多的独立游戏的创作；很多大公司对独立游戏的发展高度重视，开辟专门资金支援独立游戏制作人创作。商业游戏的发展则正遭遇瓶颈期，制作周期越来越长、开发经费越来越高，但消费市场却没有随之增大。在这种形势下，开发周期短、投入资金少、风险较低的独立游戏成为市场新宠。

（2）中国独立游戏的发展尚处于初级阶段。理论上，独立游戏应该产生于游戏产业体系较为完整、发展较为成熟的条件之下。然而，中国游戏产业总体起步较晚，发展程度尚不成熟，大多数游戏公司仍以引进或复制国外成功商业游戏案例为主要盈利手段，并没有形成自己的产业体系。可见，中国独立游戏的发展环境并未成熟。然而，随着 App Store、Steam 等平台门槛的降低，游戏引擎和游戏资源的开源、开发技术的普及，更多在游戏文化下成长起来的年轻人正勇敢地在独立游戏行业中做出尝试。独立开发团队甚至可以与主机游戏平台以及 Steam 社区合作创造跨平台大制作，而不是只局限于提供小众产品。

（3）游戏开发方式轻资产化。从大型项目比如《精英：危机四伏》和《莎木Ⅲ》可以看出，在正式开发前可以利用类似 kickstarter 的众筹网站检验游戏的受欢迎程度。随着众筹网站使用方式的演变，可以更加灵活地降低游戏开发的前期自由资金投入，从而降低开发游戏的资金门槛。

（4）游戏本身平台化。智能手机游戏开发商例如 Rovio、Zynga 和 SuperCell 等通过数据分析，相应调整难度，提供可下载的附加内容将游戏变成一个平台，而不是简单地推出续作。并且，这一运作方式正融入主流游戏平台以及 PC 游戏的开发，从而大大降低游戏获取新用户的推广成本。

5.2　港口镇游戏产业发展战略

游戏产业相关分析表明，游戏开发（设计与研发）环节附加值高，所需启动资金少，运作方式灵活，同时对下游产业的拉动作用十分明显。其中，商业游戏占据市场份额最大，具有投资高、风险大而产业链长、带动能力强的特点，是未来发展的重点产业。目前绝大多数 3A 商业游戏的投资除依靠企业自身外，当地政府在政策、资金等方面的大力支持也相当重要。不过，商业游戏开发受消费者偏好变化影响很大，因此，对商业游戏进行投资仍要谨慎行事。

考虑到港口镇游戏开发目前还处于起步阶段，其技术实力和融资能力都比较薄弱，因此在投资 3A 商业游戏开发方面还存在较大障碍。当前，在游戏数字营销平台已经成熟和游戏开发工具平台化的情况下，港口镇可以把独立游戏开发作为本地游戏产业升级的突破口和抓手。

游戏产业发展很难做到齐头并进，因此应该围绕"优质项目—产业链—产业集群—产业基地"的跨越式发展思路，优先引进和培育立足于移动端的独立游戏开发企业，形成游戏产业的初步产业链。随后，积极引导已有的独立游戏开发商，围绕精品战略，依托原创 IP 开发跨平台独立游戏，同时兼顾 VR/AR 游戏的开发，构成游戏开发产业的产业集群。最后，可引导一两家优秀的独立游戏开发商上市，帮助其尝试商业游戏开发，从而形成有深度、有广度的多元产业集群生态。

5.2.1　游戏产业近期发展战略

立足小镇游戏产业起步的现状，游戏产业的发展应遵循"聚核—聚链—聚网"的发展思路。首先，通过引入中等规模的游戏公司以形成相应的产业基础。

其次，根据小镇实际情况和游戏产业的发展趋势，选择独立游戏作为产业切入口，孵育一批独立游戏开发团队，借助 Steam、App Store 等互联网平台进行营销，并实现成品上市，形成完整产业链。最后，对产业链进行初步延伸，形成相关的产业网络。

（1）2022~2023 年游戏产业战略目标。

1）引进核心公司。

——依托小镇，引进 2 到 3 家核心游戏公司，为后续游戏产业链的形成建立良好的基础。

2）加强团队建设。

——培育、孵化一批独立游戏开发团队；

——初步形成"规模企业出产量，创业团队成企业"的格局。

3）重视平台建设。

——扶持独立游戏开发者创业，强化平台建设；

——完善扶持平台建设；

——依托 Steam、App Store 等营销平台初步形成从 IP 创作到游戏发行的较完整的产业链。

（2）2022~2023 年游戏产业战略举措。

1）确立有效的招商政策。

——充分理解未来游戏产业的发展方向，提高对游戏产业运营模式的认识，确定立足现在、面向未来的游戏公司引入标准；

——筛选出致力于游戏创作开发，而非仅止于游戏编码代工的游戏公司，积极定向招商，吸引入驻；

——依托已建成研发基地的优势，配合相关的优惠政策，吸引符合引入标准的游戏公司入驻；

——建立绩效式的优惠条件，引导入驻游戏公司进行产业链配置，切实形成产业基础；

——切实落实好相应的扶持政策，形成亲商口碑，为后续招商奠定坚实基础。

2）深化提升团队与平台竞争力。

——立足已有硬件条件和优惠政策，定向吸引定位于独立游戏开发的创业团队加入；

——根据创业团队的现实需求，建立、完善游戏公共平台开发、信息共享平台、咨询服务平台；

——对当年开发出达到一定标准的游戏成品的团队进行奖励，引导其在 Steam、App Store 等平台上推广营销，促进完整独立游戏产业链切实落地。

5.2.2 游戏产业中期发展战略

（1）2024~2025 年游戏产业战略目标。

1）进一步延伸产业链条。

——整合产业资源，延伸产业链建设，初步形成立体的产业网络；

——优化原有扶持平台，着重建设投融资平台，进一步优化产业发展环境；

——独立游戏为主，兼顾商业游戏，形成双轮驱动模式；

——加强游戏开发与会展的联动发展，提升品牌影响力。

2）积极培育产业集群。

——打造核心企业，提升产业集群集聚度；

——继续坚持引进与培育相结合的战略，进一步做大游戏产业规模；

——积极引导区内衍生品联动，打造复合、共赢的产业集群；

——利用产业基础，积极寻求与游戏产业巨头的合作机会，提升区域产业能级。

3）提高运营成效。

——区内产业扶持平台实现商业化运作，进一步提升运营效率；

——提升游戏公司盈利水平，实现产值和利润的高速增长；

——拓宽游戏营销渠道，增加产业链盈利水平；

——借助 VR/AR 技术后发优势，把握弯道超车机会。

（2）2024~2025 年游戏产业战略举措。

1）加强各类主体间合作。

——引导区内企业合作，建立企业联盟和行业协会，促进企业间交流与协作，协调发展方向，减少同质竞争，提升区域产业整体竞争力；

——引导镇内游戏产业链与游戏产业巨头（腾讯、网易、哔哩哔哩等）开展主流商业游戏合作开发，融入主流商业游戏产业价值链上端，全面提升游戏产业能级；

——引导精品原创、精品游戏 IP 拥有者、会展举办商等与镇内高端衍生品制造企业合作，进一步拓展产业链条，形成互利共赢的立体、复合产业链条。

2）培育核心龙头企业。

——引导镇内游戏产业企业良性并购重组，形成核心企业，并积极借助各种融资手段进行扩张，争取培育其中一家在新三板上市，提升产业集聚度；

——根据此前良好的发展态势，积极做好招商工作，筛选规模更大、层次更高、素质更好的公司和创业团队入驻。

3）打造公共平台。

——升级区内公共技术平台，使其具备开发 VR/AR 游戏的能力，帮助镇内企业减小开发 VR/AR 游戏的技术成本，引导其开发 VR/AR 游戏，把握行业风口；

——根据区内游戏公司反馈的意见，进一步增加公共平台的功能，降低产业链整体运营成本，提升产业链盈利水平。

4）提升品牌影响力。

——引导核心企业开发原创精品独立游戏，并鼓励其开展多渠道营销战略，争取诞生爆款级独立游戏，提升独立游戏盈利水平；

——举办游戏主题展会，初步树立港口镇的品牌优势，在吸引新企业和团队进驻的同时，也为各镇内企业提供一个良好的营销平台。

5.2.3 游戏产业远期发展战略

（1）2026～2030 年游戏产业发展战略目标。

——形成龙头企业，建立结构合理、层次分明、分工明确的产业基地；

——形成商业游戏引领、独立游戏支撑、衍生产业共举的行业持续发展模式；

——构建自有游戏营销平台，加强产业链把控能力；

——镇区内产业平台区域化、全国化，形成产业核心竞争力。

（2）2026～2030 年游戏产业战略举措。

——在进一步培育出若干家新三板上市公司的同时，争取能形成一家在主板上市的游戏产业龙头企业，从而形成结构合理、层次分明、分工明确的产业基地：内层是龙头企业与核心企业构成的产业核心，确保产业核心竞争力；中层是众多独立游戏厂商和服务厂商构成的产业支撑层，确保产业链运行的效率；外层是衍生品生产商、会展举办商、影视改编团队构成的产业衍生圈，确保产业链的产业拉伸能力。

——引导龙头企业汇聚镇内行业资源，建立自有、开放、合作的第三方游戏营销平台。区内行业联盟是平台的建设者与运营者，在拥有控制权的情况下不排除与其他行业巨头共建的可能，建成后对所有游戏开发者开放形成盈利模式，从而提高对产业链的把控能力。

——商业化后的镇内游戏支持平台，可以依托镇区内产业集群的能级优势和辐射优势，在全国范围内拓展业务，争取成为游戏产业的技术中心，增强产业核心竞争力。

6 港口镇动漫衍生品产业发展规划

动漫衍生品产业受到开发方式、原材料与生产工艺、渠道模式等要素的驱动,具有不同的发展成效,对此进行分析并结合其价值链分布情况,以及该产业发展的特点和趋势,明确港口镇动漫衍生品产业发展的近期、中期和远期战略。

6.1 港口镇动漫衍生品产业发展定位

6.1.1 动漫衍生品产业价值链

一般而言,动漫产业包括动漫的内容模块和衍生品模块。动漫产业整个价值链由动漫内容与动漫衍生品这两条产业链构成,且产业链之间互相促进。动漫产业内容模块包括动漫作品的设计、制作、发行和销售。其中,产业主体是来源于动漫创意的直接动漫产品,如各种漫画、卡通动画、真人动画等。在内容产业链上,动漫设计、制作公司为上游,负责直接动漫产品的开发;版权代理公司、动漫发行公司为中游,负责直接动漫产品的版权运作、发行传播和销售;与庞大的动漫受众和消费群体直接接触的动漫产品销售和播映渠道则构成了产业链下游。

动漫产业的衍生品模块是由动漫版权的二次利用所形成的,包含玩具、服装、文具、食品等众多间接动漫产品。动漫衍生品产业链分为研发设计、加工制造、渠道销售与消费终端等环节。根据公开的财务报表分析,动漫衍生品产业链中各个部分的利润分配并不均衡。上游开发设计企业、中游产品加工生产企业与下游零售企业之间的利润比为 3∶2∶3，这种利润分配格局造成了中国动漫衍生品产业发展的滞后，上游价值被美日动漫侵占，国产动漫应在此拓展更大的发展空间。

动漫衍生品产业链上企业盈利水平也呈"微笑曲线"分布，曲线中间以制造为主；上游研发属于全球性的竞争；下游营销主要是本地性的竞争，而互联网技术与电商平台的快速发展，则打破了销售的区域壁垒。在产业链上，附加值更多体现在开发设计与销售环节，处于中间环节的制造业务附加值最低。

6.1.2　动漫衍生品产业驱动要素分析

动漫衍生品产业形成了"动漫+"的产业发展模式，将动漫形象特征与不同衍生品产业相结合，并依托互联网技术形成"动漫授权+衍生产业+新媒体"的商业运作模式。动漫衍生品产业链的各个环节具有不同的产业驱动因素，包括开发方式、先进技术与渠道发展模式。

（1）多种开发方式并存。

依据动漫及其衍生产品的开发顺序，目前已有动漫衍生品的开发方式大致可以归为三种，即先有动漫、先有衍生品、动漫和衍生品并行。本质上，这三种开发方式的目的是一致的，即都是利用动漫产生的影响力促进衍生品的销售。

"先有动漫"是一种"自上而下"的开发方式，其最普遍的方式是先有漫画，这种开发方式在日本取得了傲人的成绩，其最大优势是低风险，原因是漫画的投入要比动漫和电影的投入低，而且传播范围大。日本动画大多是由市场流行的漫画改编而成，之后才会开发衍生产品。由于拥有漫画的观众基础，所以动画播出基本都能得到市场的接受，凭借动漫作品产生的市场号召力，继续开发与该动漫作品相关的衍生品，可以取得较好的销售成效。

"先有衍生品"方式的衍生品结构和功能基本已经确定，企业家基于衍生品具有市场潜力的判断，为其量身打造主题动漫或购买动漫形象授权，借助动漫产品本身的粉丝经济与传播驱动，将衍生品系列化，是一种"自下而上"的开发方式。相比先有动漫的方式，这种开发方式更加直接，由于衍生品本身已经具有一定市场，在动漫的配合下，市场拓展性更强，变形金刚是其中较为典型的例子。

"动漫和衍生品并行"是目前国内常见的开发方式，即衍生品设计与动漫制作同时进行，这种模式的特点是投入高、风险大、准备周期短、收益快。由于动漫作品和衍生品需要同时研发和制作，因此资金压力较大，迫切需要迅速回收资金。同时，动漫产品和衍生品都没有经过市场检验，对市场的接受程度完全依赖创作者和策划者的直觉和经验判断，一旦投入市场，要么会为消费者带来耳目一新的感觉从而迅速热销，要么会由于不符合消费者的审美和需求而遭遇失败。严格来说，国内采取这种开发方式而取得显著市场业绩的企业，其动漫衍生品是基于国内知名 IP 进行开发挖掘的，已经具有了一定的市场基础。

（2）原材料与生产工艺。

动漫衍生品是动漫产业中利润最大、操作空间最广的环节，满足了动漫产业延展性的发展需要。在动漫衍生品产业链"U"型中段，原材料供应、衍生品组装制造属于低附加值环节。目前，乐高计划在 2030 年前开发出替代石油基 ABS 的玩具材料，聚焦开发"非常规碳"资源，例如二氧化碳或者藻类原料等，也包括再生聚合物和限于植物基材料的生物塑料。

动漫衍生品借助先进制造工艺，如 3D 打印技术，高保真还原动漫形象且实现客户终端定制模式。3D 打印与动漫结合是发展趋势，应用于高精玩具的制作。目前，3D 打印技术已在动漫手办行业中发挥了技术优势，可依照角色原型采用 3D 打印制作人物模型、定制卡通手办、小雕像等。例如，国产原创游戏《凹凸世界》及其衍生品手办——格瑞，在淘宝平台举办首次众筹活动，并全程由魔猴网（www.mohou.com）协助完成，为国内首款 3D 打印动漫手办产品提供了技术支持。

（3）渠道发展模式。

网络渠道可以让消费者通过移动通信设备更方便地购买到心仪的产品，但与传统零售商店不同的是，顾客无法事先获得真实的体验，这使得商品的品质成为影响线上销售渠道竞争力的重要因素。而从另一个角度看，线上与线下相结合的模式（Bricks & Clicks）可能会成为吸引消费者的新增长点。

新媒体动漫发展环境良好。互联网的普及下沉以及视频网站的崛起，为动画内容提供新的发行渠道和广阔的创造空间；市场化程度的提高以及巨大的国民文化娱乐需求促使资本进入动画行业，为动画行业解决了生存问题，并推动了中国动画行业的发展。2010~2018 年，电视动画的受众逐渐减少，产量也随之逐年下降，越来越多的用户选择通过网络观看动画视频节目，并由 2010 年的 2.84 亿人增长到 2018 年的 6.12 亿人，年复合增长率为 10.07%（见图 6-1）。

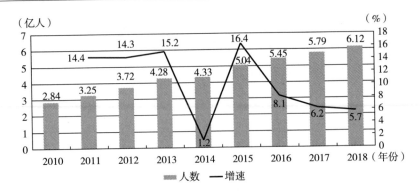

图6-1　2010~2018年中国网络视频用户规模

资料来源：CNNIC统计公报。

　　互联网进一步完善，除了PC端，互联网用户逐渐向手机等移动终端转移。为适应这一变化，内容制造商必须将产品进行多平台开发，以扩大市场占有率。动漫产品的题材多变，多为季播模式，时长一般在10分钟左右，便于移动终端观看。另外，手机与平板都设有专门的动漫App来推送新的动漫作品。新媒体动漫制作者以专业公司和工作室为主，视频网站成为主要投资商。新媒体动漫产业趋于成熟，盈利模式趋于清晰。一方面，以众筹为代表的网络运营模式日臻完善；另一方面，新媒体动漫开始与传统动漫全方位整合，优势互补。游戏、出版、电视、电影和互联网新媒体多平台移植和跨平台合作，成为运营模式的主要趋势。可以预见，未来10年中国将迎来新媒体动漫发展的黄金期。

6.1.3　动漫衍生品产业发展特点与趋势

（1）政策支持下市场前景可期。

　　动漫产业是极具活力的新兴文化产业。发展动漫产业对于满足人民群众精神文化需求、传播先进文化、丰富群众生活、促进青少年健康成长、进一步优化产业结构、扩大消费和就业、培育新的经济增长点都具有重要意义。党的十七届五中、六中全会明确提出要推动文化产业成为国民经济支柱性产业，动漫产业是文化产业的重要组成部分。2012年，文化部对外发布《"十二五"时期国家动漫产业发展规划》，首次对动漫产业进行单体规划，提出树立"大动漫观、全产业链"的发展思路，优化产业结构、创新盈利模式、完善动漫产业链条，大力发展动漫品牌授权业务，推动各环节企业的互动合作。截至 2019 年，国家在动漫产业政策的制定上，主要集中于四个层面：一是在战略上，提升动漫产业在国家整体经济中的地位；二是在战术上，对发展动漫产业的硬、软件建设给予实施指导意见；三是在宏观调控上，对国产动画片的播出时间、播出比例、题材规划、发行许可等制定详尽的政策；四是建立激励机制，出台行之有效的实际优惠政策。

（2）中国制造业为动漫衍生品产业提供基础支持。

中国制造业基础较为发达，但随着产业转型压力与日俱增，中国制造如何变为中国创造成为各领域均需面临的问题。近年来，越来越多的制造企业寻求与动漫企业合作或者直接向动画创意环节延伸，通过文化与产业的结合来提升制造业的附加值，形成差异化竞争。其中，服装、玩具等制造业的转型更是加速了这一进程，动漫企业与制造企业形成了优势互补、共同开发的合作模式，极大地促进了中国动漫衍生品产业链的发展，动漫衍生品的市场规模快速扩大。

（3）新型文化业态受到重视。

文化和旅游部《"十四五"文化产业发展规划》提出，加强手机（移动终端）动漫国际标准和数字艺术显示国际标准应用推广，把传统文化与时尚元素、中国特色与世界潮流结合起来；优化动漫产业供给，提升动漫产业质量效益，打造一批中国动漫品牌，促进动漫"全产业链"和"全年龄段"发展；发展动漫品牌授权和形象营销，延伸动漫产业链和价值链；提高网络动漫等的原创能力和文化品位；推进国家文化产业创新实验区、国家动漫产业综合示范园建设。

（4）动漫产业整合调整。

中国动漫产业已经进入深度调整期，大型企业将会通过资源整合延伸产业链，并通过集团化来构建各自的产业生态体系，从而形成企业发展的"马太效应"，动漫产业的市场集中度将会得到提升。对于外部战略投资者和动漫产业领先者来说，并购依然是快速和延伸发展的重要手段。预计在未来相当长的一段时间里，大型动漫企业将会大规模采取并购手段来实施战略布局，以便延伸产业链、整合优质品牌资源和提升企业核心竞争力。

（5）"一带一路"国际合作得以加强。

文化和旅游部《"十四五"文化产业发展规划》提出，要构建文化产业国际合作新格局，加强与共建"一带一路"国家的政策、资源、平台和标准对接，拓展亚洲、非洲、拉美等市场，以动漫讲好中国故事，生动传播社会主义核心价值观。创新文化产业国际合作支撑体系，遴选 150 个以上"一带一路"文化产业和旅游产业国际合作重点项目，对入选项目给予投融资、宣传推介、人才培训等支持和服务。

6.2　港口镇动漫衍生品产业发展战略

游戏游艺小镇的产业发展难以做到齐头并进，因此应该围绕"大项目—产业链—产业网络"的跨越式发展思路，优先升级动漫衍生品产业，依托已经入驻的游戏游艺产业的龙头企业，形成动漫产业的集聚。然后，积极拓展动漫内容产业的发展，同时联动发展动漫衍生品产业，实现动漫内容与衍生品全产业的集聚，形成以创意内容为核心的动漫产业大联动。

6.2.1　动漫衍生品产业近期发展战略

（1）动漫衍生品产业战略目标。

2022～2023 年，小镇的动漫衍生品产业将依托互联网技术，转向"动漫授权+衍生产业+新媒体[①]"的发展方向。根据动漫衍生品产业的价值链定位，对小镇现有衍生品开发和制造企业进行分类并筛选，以从品牌授权与先进技术两个方向打造小镇动漫衍生品高端制造环节：

1）重点发展动漫品牌授权业务。2022～2023 年，衍生品制造企业基本获得动漫授权，由 OEM 加工向衍生产品研发与设计转型升级。2020 年，中国动漫产业总产值超过 2000 亿元，其中，以动漫 IP 授权商品为主的娱乐/人物授权商品零售额超过 80 亿美元，约占中国动漫产业总产值的 1/4，但与该产业成熟国家的水平相比，中国进一步发展的空间仍然很大，特别是在玩具、饰品和服装等授权领域方面。

2）重点引进制造环节的先进技术，跻身精品制造行业。鼓励位于价值链中段的低端衍生品制造企业向精细生产方向发展，升级原材料品质，并利用先进技

---

① 资料来源：前瞻产业研究院整理。

术改进生产工艺，提高产品的附加值。在动漫玩具这一细分行业中，智能技术、微电子技术、传感器技术等高新技术正不断被应用在动漫玩具部件制造、系统开发等方面。

（2）动漫衍生品产业战略措施。

1）密切跟踪动漫内容产业的发展方向，重点吸引小微动漫创意工作室。吸引同人动漫商业化导向的企业，这些企业普遍采用的商业化模式是以国内外著名IP入手，以同人创作吸引原作粉丝，粉丝基础达到融资水平后慢慢降低原作所占成分，最后完全去除原作蜕变成原创作品。小微动漫创意工作室更注重眼前的经济效益、市场互动和快速回收，以尽可能小的投入成本获得"快制作、大回收"的收益。在日本动漫产业中，除了东京映画株式会社，基本都是小作坊式公司的精耕细作拉动动漫产业并形成集聚效应。

2）密切跟踪动漫品牌授权业务与先进技术发展方向，重点吸引符合以下条件的龙头企业：

①在版权代理、运作、保护等方面具有优势的企业，版权的重视有利于推动产业链的发展。

②具有先进制造技术（如3D打印）、高新技术专利等先进技术，或者具有良好技术合作伙伴的动漫企业，打造更为成熟和完整的原材料及设备加工基地，协调发展方向，减少同质竞争。

广东是全国动漫产业发展最突出的地区之一，在全国范围内影响巨大。广州的动漫杂志市场居于全国第一，当地的漫展品种繁多，一年到头奖项不断。YA-CA和ADSL是广州最大的漫展，同时还有各种随时可能举办的临时性展会。广州无论是写手、画手还是Coser，都在全国的ACG[①]界中活跃异常，此外，动漫学院的数量也较多。中山市依托广州发达的动漫产业，积极吸引优秀动漫企业。

3）为小镇企业搭建合作平台。以游戏游艺动漫小镇为平台，依托中山市游戏游艺产业基地促进产业链融合，加强企业间交流与协作，吸引动漫界知名企业与小镇本地企业合作，例如，吸引日本的集英社、小学馆、白泉社等知名动漫出版企业与本地动漫内容企业合作，提高动漫直接产品的翻译质量、印刷品质等。

4）为小镇企业搭建孵化平台。在国家动漫产业政策支持的大背景下，筹划

---

① ACG为英文Animation、Comic、Game的缩写，是动画、漫画、游戏的总称。

和建设政府专项资金孵化平台、动漫技术服务平台、专业培训服务平台、国际合作与对接服务平台、投融资对接服务平台等，这些平台为企业提供快速注册、政策咨询、人才引进、产业信息发布等日常服务。

6.2.2　动漫衍生品产业中期发展战略

（1）动漫衍生品产业战略目标。

2024～2025 年期间，港口镇游戏游艺特色小镇在着力升级动漫衍生品产业链的同时，拓展动漫内容产业发展，同时联动发展动漫衍生品产业，实现动漫内容与衍生品全产业的集聚，形成以创意内容为核心的动漫产业联动。

1）促进大成本动漫影视制作。借鉴国际知名影视工作室高投入、高回报的模式，依托大工作室技术、内容开发和全球发行渠道，促进大成本动漫影视制作，以高质量的动画电影产品赢取市场。

2）提高龙头企业国际竞争力。支持龙头企业开展技术创新、参与制定行业标准，提升小镇在中国动漫产业中的话语权，继而提高其产业的国际竞争力。支持企业开发出替代石油基 ABS 的玩具材料，聚焦开发二氧化碳、藻类原料等"非常规碳"资源以及再生聚合物和植物基生物塑料。

3）提高动漫产业市场份额。通过内部培养和外部吸引，建立一批具有一定规模、熟悉国外市场、业务操作规范且有较强研发实力的稳定成长型企业，并以此为依托，提高动漫产业的市场份额。

4）形成动漫全产业链的联动效应。形成"漫画出版—动画制作播出—版权授权—衍生品生产及销售—部分动漫作品外销授权—成功动漫产品的深度开发及新动漫产品开发"的产业链，以全产业链形成效益递升的良性循环模式。

5）推动企业采取多种模式延伸产业链条。包括以互相参股或并购形成企业联盟、借助产品间的相互需求进行产业链条各环节整合、跨产业结盟等。通过培育核心企业的竞争力，"以商引商"吸引动漫产业相关配套企业入驻园区。

（2）动漫衍生品产业战略举措。

1）加大招商力度。进一步深入动漫产业的高端领域，引进一批国际顶尖的产业项目，加强与国外大企业的技术对接并积极吸引国内外龙头企业入驻小镇，提高产业的集聚效应。

2）优化产业结构。进一步提高港口镇游戏游艺产业服务管理水平，推动动漫衍生品产业内企业的创新发展，并扶持现有动漫企业向大工作室转型，不断调整优化产业结构。

3）完善配套服务体系。加强港口镇游戏游艺产业的配套服务，完善产业的金融等相关服务体系，支持明星企业上市。

4）促进产业链融合。依托产业联盟促进企业间交流与协作，打造更为成熟和完整的原材料及设备加工基地，协调发展方向，减少同质竞争。

5）提高客户黏性。通过大数据挖掘用户需求，以网络社区打造用户集聚互动平台，利用粉丝经济提高品牌溢价和商业价值。

6.2.3 动漫衍生品产业远期发展战略

（1）动漫衍生品产业战略目标。

2026~2030 年期间，港口镇游戏游艺产业形成以创意内容为核心、动漫产业各环节联动的国内外知名品牌。

完善动漫产品评价体系和激励机制，做好中国文化艺术政府奖动漫奖的申报评选工作。完善评选标准，建立公开、公平、公正的评选机制，做到群众评价、专家评价和市场检验相统一，奖励内容健康、艺术性强、创新度高、深受群众喜爱的优秀动漫产品，提高权威性和公信度，引导中国动漫产业发展方向。

（2）动漫衍生品产业战略举措。

1）持续深化"动漫+"发展战略，推进动漫衍生品产业与其他相关产业的跨界融合。

2）依托互联网，建立"内容+平台+应用+终端"的动漫产业生态体系。

3）加强港口镇游戏游艺特色小镇的品牌建设。

7　港口镇主题公园产业发展规划

中国的主题公园建设正处于快速发展期，但规模性的主题公园较少，人均访问量与发达国家相比存在差距。应当重视主题公园的价值链分析，逐步改善其"无明显主题"的状态，以及以器械类骑乘设施为主的格局。深入分析主题公园产业的驱动要素和发展趋势，从而明确港口镇主题公园产业发展的近期、中期和远期战略。

7.1　港口镇主题公园产业发展定位

7.1.1　主题公园产业价值链

主题公园是一种以游乐为目标的拟态环境塑造，或称之为模拟景观的呈现。它是从游乐园演变而来的，其最大的特点就是赋予游乐形态以某种主题，围绕既定主题来营造游乐的内容与形式。随着中国经济的崛起和城市化的加快，主题公园这一新型的旅游休闲产品，将逐渐成为人们休闲娱乐的主要消费对象，表现出巨大的市场潜力。主题公园的价值链包括策划设计、建设招商、运营管理三个环节，每个环节的具体内容如图7-1所示。

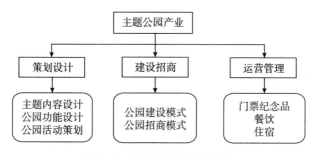

图7-1　主题公园价值链结构

7.1.2　主题公园产业驱动要素分析

（1）主题公园的系统设计。

主题公园的成功需要经过系统的设计，并满足相应的条件，主要包括：

1）人为设计和运营的满足旅游者需求的娱乐休闲场所。

2）分布有数量众多的服务设施，如餐饮、酒店等。

3）围绕一个或几个主题开展多种有吸引力的活动。

4）实行专业化的商业性经营等。

（2）主题公园的盈利模式。

主题公园主要有以下五种盈利模式：

1）提供互动游乐体验，如门票或单体游乐项目收费。

2）提供园区配套服务，如提供餐饮、住宿服务。

3）围绕旅游者的消费能力所带来的收益机会，如影视、动漫、旅游区内的招商、景区节庆活动商业赞助、演艺活动。

4）其他商业开发，如景区、旅游目的地的房地产开发。

5）出让、出售具备知识产权特点的商品，如玩具、旅游工艺品、纪念品等系列主题旅游产品。

　　与国外知名主题公园相比，中国主题公园尽管在毛利率、净利率指标方面并不落后，但由于收入规模相对较低，其净资产收益率较为落后。中国主题公园门票收入占其总收入的80%左右，收入来源较单一，而美国迪士尼的门票收入只占其总收入的30%左右。相对于国外的主题公园，中国主题公园属于高门票、高消费模式，高门票减少了潜在的消费者。2017年，美国大型主题公园成人票价在84~95美元，以其年人均可支配收入3.8万美元计算，则主题公园消费占月人均可支配收入的 2.84%；同年，中国以深圳欢乐谷为例，成人门票价格为 200 元，深圳市年人均可支配收入为 5.3 万元，主题公园消费占月人均可支配收入的 4.53%。① 另外，中国主题公园大多是从房地产项目获得支持，较少涉及与主题公园内容文化相关的影视动漫、文化创意等附加值较高的业务。因此，主题公园普遍重视硬件建设，忽略了游客游玩体验，导致重游率较低，难以形成良好的口碑。2018 年，华侨城的旅游综合业务实现营收 196 亿元，同比增长 6%，占总收入的 40%；而房地产业务实现营收 280 亿元，同比增长 20%，占总收入的 58%。相比之下，华强方特、大连圣亚则已开发出较好的 IP，并在影视动漫领域有所突破。②

7.1.3 主题公园产业发展趋势

截至 2018 年，中国累计有各类主题公园近 3000 个，投入资金达 3000 多亿元。目前中国平均每省市拥有 20 个主题公园，有些省份达 50 多个。从类别上看，基本涵盖了科学（如科幻城、科技馆）、历史（宋城）、文化（民俗文化村、大观园）、生态（森林公园、温泉公园、地质公园）、游乐（华侨城）等门类，并呈现出多产业融合的发展趋势。

（1）总体发展势头强劲。

数据表明，当人均 GDP 达到 5000 美元时，一个国家或地区便会出现成熟的度假旅游经济。2019 年，中国人均 GDP 已经达到 1.06 万美元，主题公园所代表的内容丰富、形式新奇的游玩体验呈现蓬勃发展的态势。2021 年，中国规模以上文化及相关产业企业营业收入占 GDP 的 10.41%。其中，内容创作生产营业收入占文化产业营业总收入的 21.13%，占比最大。③ 作为"旅游+文化+体验"的新型文化消费，主题公园旅游前景广阔。近几年，中国主题公园发展较快，从样本数量看，2019~2021 年，由 42 家发展为 64 家；从新增区域看，河北省、青海省成为新增主题公园所在地，表明疫情下各省市较重视以主题公园引流增收。④

2017 年以来，中国主题公园的直接效益规模（含门票、餐饮、住宿等）保持较高增速，由 2017 年的 2229.8 亿元增加至 2019 年的 3237.6 亿元。受新冠肺

---

① 根据《深圳统计年鉴 2018》数据计算。
② 丁辉. 中国主题公园运营公司的商业模式变迁研究［J］. 现代商贸工业，2019（33）：79-80.
③ 资料来源：根据国家统计局资料整理。
④ 资料来源：《2021 中国主题公园竞争力评价报告》，2021.

炎疫情的影响，2020 年下滑至 2413.4 亿元，仍高于 2017 年的水平。并且，随着疫情常态化防控能力的提升，自 2020 年开始，主题公园直接效益规模再次呈现快速增长态势。①

（2）政策引导向好。

主题公园行业作为旅游业的细分子行业，直接受旅游业相关政策影响；同时，由于旅游元素和文化元素往往存在天然联系，主题公园行业也受到文化产业相关政策的影响。

2009 年，国务院出台《关于加快发展旅游业的意见》，明确鼓励大型主题公园的发展；同年出台的《文化产业振兴规划》明确提出，加快建设拥有自主知识产权、高技术含量和中国文化特征的主题公园。这些文件为中国主题公园的发展提供了政策指导。但是，由于一线城市主题公园基本饱和，尤其是不少地产公司以发展文化娱乐事业为名行变相圈地之实，2011 年 8 月，国家发展和改革委员会发出《关于暂停新开工建设主题公园项目的通知》，要求各地暂停新的主题公园建设，主题公园的投资建设受到了制约。2013 年 3 月，国家发展改革委等 12个部委联合印发《关于规范主题公园发展的若干意见》，规定主题公园项目新建、扩展应严格履行相应核准程序，并加强主题公园行业监督，明确界定主题公园范围及类型，严禁借投资主题公园名义开发商业房地产。从"叫停"到"规范发展"，被业界解读为对"主题公园发展的解禁"。在政策松绑下，主题公园的投资热潮再次掀起。

（3）竞争分化特征突出。

近几年，主题公园专业化程度不断提升，投资规模不断加大，大吃小、强逐弱的趋势基本确立。2018 年，亚太地区游客量前 20 名的主题公园中，中国就占据了 13 家，平均入园游客为 539.4 万人次。前 20 名主题公园平均游客量为695.5 万人次，世界范围内共有 5 家主题公园超过了平均水平，其中包括了中国的上海迪士尼乐园、长隆海洋王国两家主题公园，并且其游客入园量在 13 家中国上榜主题公园中占比达 32.3%。同时，这也说明主题公园日益向头部集中，竞争较为激烈（见表 7-1）。

---

① 资料来源：iiMedia Research（艾媒咨询）。

表 7-1   2018 年亚太地区主题公园游客量排行榜（TOP20）

排名	主题公园	所在地	入园游客（万人次）	增长率（%）
1	东京迪士尼乐园	日本，东京	1790.7	7.9
2	东京迪士尼海洋公园	日本，东京	1465.1	8.5
3	日本环球影城	日本，大阪	1430.0	-4.3
4	上海迪士尼乐园	中国，上海	1180.0	7.3
5	长隆海洋王国	中国，珠海	1083.0	10.6
6	香港迪士尼乐园	中国，香港	670.0	8.1
7	首尔乐天世界	韩国，首尔	596.0	-11.2
8	长岛温泉乐园	日本，桑名市	592.0	-0.2
9	韩国爱宝乐园	韩国，京畿道	585.0	-7.3
10	香港海洋公园	中国，香港	580.0	0.0
11	长隆欢乐世界	中国，广州	468.0	11.9
12	新加坡环球影城	新加坡	440.0	4.3
13	常州恐龙园	中国，常州	410.6	27.9
14	深圳世界之窗	中国，深圳	399.0	0.3
15	北京欢乐谷	中国，北京	398.0	0.8
16	深圳欢乐谷	中国，深圳	391.0	0.3
17	郑州方特欢乐世界	中国，郑州	380.0	-0.5
18	宁波方特东方神画	中国，宁波	374.0	-2.3
19	东部华侨城	中国，深圳	368.0	-7.1
20	成都欢乐谷	中国，成都	310.0	4.4

资料来源：国际主题娱乐协会、中商产业研究院整理。

（4）区域发展不均衡。

中国主题公园的空间分布极不均匀，东、中、西部呈现出明显的差异，东部
11 个省、市拥有的主题公园数量占到全国的 58.08%，且规模较大；中部地区 8 个
省拥有的主题公园数量占全国的 23.33%，且规模不大；西部地区 12 个省、市、自
治区拥有的主题公园数量则只占到全国的 18.75%，且规模较小。

（5）盲目扩张严重。

中国主题公园的占地及投资规模盲目扩张问题突出，全国一定规模以上的主题公园有 730 多个，其中占地超过 1000 亩的有 60 多个，超过 1 万亩的有 10 个；投资额超过亿元的 142 个，超过 20 亿元的 12 个，投资额最高的达 100 亿元。综观东部沿海地区，几乎每个一、二线城市都拥有一个或多个主题公园，部分三线城市也不惜投入巨资建设主题公园。

（6）各类型发展不统一。

中国的主题公园分布类型按照所占比重由大到小依次是：体验园、游乐园、文化园、植物园、动物园、影视基地和科普教育园。其中，体验园和游乐园两种类型就占了主题公园的 64.1%，是中国主题公园分布中最多的类型；而影视基地和科普教育园则在中国的主题公园建设中处于劣势地位，数量最少。

（7）营收呈现金字塔式结构。

总体来看，中国 70% 的主题公园处于亏损状态，20% 营收基本持平，只有 10% 实现盈利，约 1500 亿元的资金套牢在主题公园投资中。[①] 国内主题公园盈利困难，除了前期投资高以外，主要是缺乏后期的持续投入，忽视了持续跟踪游客心理需求变化和对文化内涵的挖掘，从而造成缺乏独特的主题、文化和品牌，雷同现象严重，游客体验较差。

7.2　港口镇主题公园产业发展战略

根据中国主题公园的发展现状和趋势分析，港口镇在主题公园产业方面须以产业持续发展为核心，避免房地产化的低端和短期发展模式，应重视 IP 打造，形成多种营运和盈利模式，深耕主题公园发展的内容，丰富活动内涵，链接大数据和人工智能等先进技术，提升其品牌影响力。

---

① 资料来源：《中国主题公园行业发展模式与投资战略规划分析报告》，前瞻产业研究院。

7.2.1 主题公园产业近期发展战略

（1）2022～2023 年主题公园产业战略目标。

1）围绕游戏游艺主导产业，打造 1～2 个主题公园。

——重视在游戏游艺主导产业基础上对主题公园项目进行前期策划；

——形成差异化、充分整合现有资源的主题公园；

——提高对主题公园的设计水平；

——充分理解主题公园的运营模式。

2）丰富经营模式，完善主题公园的产业链条。

——深入挖掘公园的主题内涵，丰富公园的各种活动内容；

——延伸主题公园的产业链条，加强公园周边旅游地产的开发建设，强调商业设施的滚动开发、多元化营销等；

——开发多种盈利模式，将门票、餐饮、住宿、纪念品等多种产品与服务的收费进行系统设计。

3）整合相关资源，形成立体、交融的产业链条。

——充分整合港口镇产业、自然、社会三种生态资源，为主题公园提供多层面支持；

——实现优质 IP 与主题公园的共赢发展。

（2）2022～2023 年主题公园产业战略举措。

1）建设主题要素并有效宣传。

——加强核心主题要素建设。公园的主题性必须鲜明，与同类型主题公园形成明显的差异性；

——强化对公园主题的有效宣传。通过文字、图片、广告等多种形式，以及传统媒体、自媒体等多种渠道，对公园的主题内容进行多层面的有效宣传。

2）丰富主题活动并优化管理。

——定期举办各类主题活动，丰富游客体验，保持主题公园对消费者的持久吸引力，使游客形成周期性的固定消费；

——加强主题公园内的大型场馆建设，减小季节变化对公园旅游项目的冲击；

——根据消费情况灵活调整游园门票价格、活动项目等，以稳定消费群体。

3）完善产业链并加强各环节互动。

——搭建完善的"创、研、产、销"一体化文化科技产业链，为自有内容向理想产品的转换提供充分保障；

——推动游戏游艺技术、设备、活动的应用与顾客需求反馈双向互动，为游戏游艺主导产业提供市场支持。

7.2.2 主题公园产业中期发展战略

（1）2024～2025年主题公园产业发展战略目标：

——开发衍生产品，延长产业价值链；

——实现全产业链的转型升级；

——实现智慧旅游系统；

——打造复合形态的产业链集团。

（2）2024～2025年主题公园产业发展战略举措。

——明确产业链得以延伸的价值点，最大化提高附加值；

——促进数字动漫、影视出品、文化科技主题公园、游戏软件和文化衍生品等多个业务领域共生发展，打通产业链各环节，实现全产业链的升级；

——覆盖主题公园、酒店、露营地等，打造集娱乐、购物、餐饮等于一体的旅游体验综合体，强化港口镇作为旅游目的地的吸引力；

——运用物联网技术进行信息交换和通信，实现对物体的智能化识别、定位、跟踪、监控和管理；

——运用无线通信技术，在主题公园景区建立视频呼叫系统，随时发布有效的旅游服务信息；

——提供模拟线路各活动项目或景点的视频资料，提前了解不同线路的特色，从而进行"私人定制"的线路规划，获得更好的旅游体验。

7.2.3 主题公园产业远期发展战略

（1）2026～2030年主题公园产业发展战略目标：

——形成主题公园品牌；

——通过空间生长，将外部效应内部化；

——通过空间增值，将外部效应地方化。

（2）2026~2030 年主题公园产业发展战略举措：

——着力扩大主题公园的知名度，确立品牌地位；

——完善主题公园内的餐饮、购物等项目与主题公园的品牌形象相配套；

——扩张城市空间，解决投资瓶颈问题；

——通过土地市场竞租，改善土地财政并提升城市化水平，建设宜居宜业宜游的特色小镇。

8 港口镇动漫游戏会展产业发展规划

动漫游戏会展作为专业会展，符合会展产业发展的一般规律，并展现出其自身的相应特征。港口镇应当在分析动漫游戏会展产业价值链、产业发展特点与作用的基础上，结合自身资源与优势，把握产业发展趋势，形成该产业发展的近期、中期和远期发展战略。

8.1 港口镇动漫游戏会展产业发展定位

8.1.1 动漫游戏会展产业价值链

会展产业以展示的专业化和商品化为核心内容，动漫游戏会展符合这一内涵特征，并以动漫游戏为主线为消费者提供一种体验路径（见图8-1）。

动漫游戏会展产业价值的产生离不开策划与组织，由此形成沿着"组办方策划—展示空间建设、租赁、经营及其物业—组办方招展招商、宣传推广—参展商、采购商、相关活动参与方进入—展示传播与销售—会展购买"这一主线展开的价值链。相应产生的盈利来源包括以下几个方面：

（1）展示空间建设、租赁、经营及物业盈利。大型动漫游戏展览所要求的专业化场馆多是由政府投资或融资建成的，其经营模式存在多种可能。对于超大型展示空间，其经营使用可通过直接投资、发行股票、发行债券、银行借款等资本运作盈利。此外，展示空间的物业经营也是盈利的一种来源。

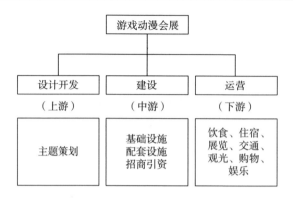

图 8-1　游戏动漫会展产业价值链

（2）组办方及承办方全过程服务收益。在展前、展中和展后，组办方和承办方通过展开一系列会展策划、组织与实施等服务活动，以及为展会服务供应商提供增值从而获得盈利。

（3）交易服务提成收入。对于组办方促成的交易，可以收取一定的交易提成收入。

（4）后续创业融资、评估商业机会、企业培训等活动盈利。可以通过提升组办方信息收集、分析能力，借助组办方大数据优势进一步拓展其盈利空间。

（5）会展电子商务盈利模式。

广告与媒体转播费是大型会展最主要的收入来源。资源、人员和信息的高度聚集与互动推动了动漫游戏会展传播与广告价值的提升，由此产生了动漫游戏会展产业链的第三大价值来源，即传播与广告价值。组办方、活动参与方、媒体等可以通过丰富内容制作、完善内容销售渠道、拓展传播空间与渠道、优化会展信息基础设施等环节，促成会展传播与广告价值链的形成与发展。

会展品牌盈利也是会展产业链的重要价值来源。会展的核心在于组办方通过会展服务实现参展方展示活动从而获得受众的认同，会展的高认同度需要会展组办方具有高度的品牌意识，采用严格的品牌价值链管理策略，并从场馆的设计、主题的选择、展会的规划、展会的组织与管理等具体方面来实施会展业的品牌化发展，从硬件与软件两个方面提升品牌质量，从而不断提升会展的品牌价值和影响力。会展品牌塑造需要从会展组织（公司）品牌与项目品牌两个方面着手，前者需要会展组织者不断完善其治理能力及与其他组织之间的网络关系，后者需要项目自身以国际品牌展会为标准塑造其在同类会展中的影响力。从产业链的角度看，围绕会展组织（公司）、场馆、项目的品牌经营存在一个不断投入的过程，由此也会产生一个不断增值的过程。

8.1.2 动漫游戏会展产业发展特点与作用

总体来看，会展类型与数量日趋增多，各类专业性展览占国际会展总量的95%以上；会展质量逐步提高，中国展览会现已整体向大型化、专业化、国际化和品牌化方向发展，目前已有一批专业会展逐渐成熟壮大，形成了全球知名的展览会。其中，动漫游戏会展作为动漫游戏产品生产的服务内容大大提高了行业各种资源的交汇频率，也为会展所在地城市的动漫游戏产业创新发展提供了难得的发展平台。2019年，文化部主导的动漫展会联盟正式宣告成立，为促进动漫产业发展，推动二次元产业消费升级立下了新的标杆。据不完全统计，2019年中国举办的各类动漫游戏展会总计超过4000个，规模达到3000平方米以上的大中型展会近100个，而漫博会、ChinaJoy等国内一线展会吸引游客普遍超过30万人次，其规模效应较好地引导了VR、网络直播等产业的发展。动漫游戏展不仅设置了多样化的内容，而且还可以与观众进行游戏互动。

著名的动漫游戏会展总体上一般具有如下特点：[①]一是动漫游戏会展集中布局在经济发展好、基础设施完善、动漫游戏产业发展基础先进的城市；二是动漫游戏会展特色突出，与城市发展战略密切相连；三是动漫游戏会展品牌声誉良好，参与者和组织者互动明显，且活动丰富；四是知名动漫游戏企业、组织、个人及关联业者积极赴会，经济和社会效益显著。作为资源整合的平台，动漫游戏会展在支持产业链生态圈紧密联系和集群创新上展现出巨大的助推功能。

（1）支持动漫游戏产业创新的投融资。

中国动漫游戏创意制作对资金的需求与资金对动漫创意产业的供给严重不平衡，优秀创意推向商业市场存在资金困难。其中，信息不对称是形成资金与优秀动漫游戏作品难以有效对接的主要原因。动漫游戏会展可以为双方提供了解与交流的平台，为后续进一步合作创造机会，并且可以利用线上会展平台降低交易成

---

① 张晓东，丛珊珊，黄卫国. 我国动漫会展促进动漫产业创新发展研究［J］. 安徽理工大学学报（社会科学版），2016（7）：58-62.

本，使资本和动漫创新创意作品实现全时空的对接。

（2）支持动漫游戏创新发展的人才供需。

动漫游戏专业人才是行业发展的关键。但是，该行业人才流失的现象也比较严重。另外，基于动漫游戏作品创作的特点，对自我创业的鼓励在保留行业人才方面的成效并不明显。动漫游戏会展则可以为原创动漫创新创意作品提供展示平台，便于动漫专业人才被认识并受到关注，可以更有效地发现并激励人才。

（3）支持动漫游戏创新创意项目。

动漫游戏会展可以为创新创意项目提供咨询、融资、外包制作、配音、形象授权、出版发行等全链条信息，形成较强的产业聚集能力，为动漫游戏创新创意项目提供丰富的投融资机会，通过合作、授权专利等支持动漫游戏项目的研发和商业化。

（4）支持动漫游戏产业开放创新。

动漫游戏会展可以聚集来自不同国家和地区的动漫游戏作品参展，世界各地的参展商借此在全球范围内发现市场机会，在思维、创意等方面相互交流学习，可以有效改善商业模式并提升创作技能。

8.1.3　动漫游戏会展产业重点会展项目

（1）中国国际动漫节。

中国国际动漫节由国家广播电视总局、中央广播电视总台和浙江省人民政府主办，杭州市人民政府、浙江省广播电视局和浙江广播电视集团承办，是中国首个国家级、国际化的动漫专业节展，也是目前规模最大、人气最旺、影响最广的动漫专业盛会，先后被国家"十一五""十二五""十三五"文化发展规划纲要列为重点扶持的文化会展项目。中国国际动漫节自 2005 年以来每年在杭州举行，它以"专业化、国际化、产业化、品牌化、市场化"为目标，以"国际动漫，拥抱世界"为主题，内容包括会展、论坛、商务、赛事、活动五大板块等50 多个品牌项目。

2021 年，第 17 届中国国际动漫节采取线上线下融合的方式举行，超过 1300万人次通过"云上国漫"平台参加各项活动，共有 56 个国家和地区、335 家中外企业机构、4031 名展商客商和专业人士参展参会，开展一对一洽谈 1646 场，现场签约金额 4.8 亿元。以中国国际动漫节为重要平台，杭州市全年动漫游戏总产值达到 328.5 亿元，较上年增长 26.9%。[①] 当前，中国国际动漫节是"中华文化走出去工程"重点扶持的文化交易平台，并且成为中国动漫产业的行业风向标，有力引导了中国原创动漫创作方向。动漫节还通过大数据专业机构发布会、动漫教育人才发展研讨会、动漫大师班讲座等一系列活动，聚焦产业发展的新课题。

（2）中国国际数码互动娱乐展览会。

中国国际数码互动娱乐展览会（简称：ChinaJoy）是由国家新闻出版署和上海市人民政府共同指导，中国音像与数字出版协会和上海汉威信恒展览有限公司主办，上海市新闻出版局和浦东新区人民政府协办的综合性国际数字娱乐产业盛会。ChinaJoy 涵盖游戏、动漫、互联网影视、互联网音乐、网络文学、电子竞技、潮流玩具、智能娱乐软件及硬件等数字娱乐多领域，全面展现全球数字娱乐产业最新发展成果。

ChinaJoy 每年 7 月下旬在上海举办，发挥数字娱乐产业交流平台的作用。除了游戏展会外，还同期举办多个游戏相关的技术和商业会议。目前，已经形成以中国国际数码互动娱乐展览会为主，包括同期举办的中国国际动漫及衍生品授权展览会（C. A. W. A. E）、国际智能娱乐硬件展览会（eSmart）及中国国际数字娱乐产业大会（CDEC）、世界移动游戏大会（WMGC）、中国游戏开发者大会（CGDC）、全球虚拟现实投融资大会（GVRIS）、全球虚拟现实娱乐产业大会（GVRES）、全球虚拟现实开发者大会（GVRDC）在内的庞大会展阵容，其内容涵盖了 PC 网络游戏、移动游戏、主机游戏、智能娱乐硬件、VR/AR 技术及家庭数字娱乐等多种业态，受众群则包括玩家及消费者、游戏商务人士及技术开发人员，从而形成了一个横跨数字娱乐全业态，汇聚游戏、动漫、影视、网络文学等多领域的泛娱乐产业交流和展示平台。

2021 年，第 19 届中国国际数码互动娱乐展览会在上海新国际博览中心举办。该届展会的主题为"科技创梦 乐赢未来"，主打新科技驱动下"娱乐+科技"的数字娱乐新生态，以科技助推数字娱乐新体验，集中展示数字娱乐产业前沿科技和高品质内容产品，呈现 5G、云游戏、AI、VR/AR/XR 娱乐产品。受疫情影响，

---

① 资料来源：中国国际动漫节展会新闻。

2022 年第 20 届 ChinaJoy 的线下展延期举办，并构筑线上展平台。①

此外，国内其他比较有影响力的动漫展还包括中国国际漫画节动漫游戏展、中国国际动漫游戏博览会、中国西部动漫文化节、广州萤火虫动漫游戏嘉年华、中国（北京）动漫游戏嘉年华、ComiCup 魔都同人祭、YACA 动漫展、深圳动漫节等。

8.1.4 动漫游戏会展产业发展趋势

（1）形成展会新生态。

动漫游戏是新生代、新文化与新科技的叠加，并成为动漫游戏展览业发展的新动能。新生代主要是指 1990 年之后出生的一代，他们对虚拟世界非常熟悉，其中，2000 年后出生的群体中，45%的女生以及 31.7%的男生每天花费一半以上的时间使用手机，主要娱乐就是打游戏；新文化主要是在新生代中逐步流行起来的亚文化，以二次元、嘻哈、汉服等为代表，这些亚文化不论是在城市还是乡村都在不断扩散和成长；新科技包括宽泛的内容，其中，移动终端和互联网对日常生活的渗透率最高、影响最大。网络游戏、电子商务、共享经济、移动支付等新的社会经济现象的兴起，均是基于移动终端和互联网技术的不断创新。②

（2）参照循环经济发展标准。

在生态文明不断推进发展的背景下，动漫游戏会展将结合行业特征以及企业自身业务内容，采用可循环的展示展览材料、优化业务流程，遵循专业要求并借鉴先进经验，研究适宜的循环经济发展模式。以此，从长期考虑来降低运营成本，提升企业形象。积极推动相关技术应用，利用互联网技术共享展览工程材料等资源。政府也将在这一进程中出台会展业循环经济引导扶持政策，建立相关的行业标准。

（3）策展设计水平不断提高。

作为产业链的上游环节，会展策划从根本上决定了展会活动的竞争力，应当从展会内容、参展商、采购商、专业观众、普通观众等多个层面进行系统策划，搭建多主体互动交流平台。会展将不仅重视参展商的质量，而且更加关注采购商

---

① 资料来源：中国国际数码互动娱乐展览会公告。
② 刘大可 . ChinaJoy：基于"三新叠加"的展会新生态［J］. 中国会展，2019（15）.

的质量；提高互联网、微信公众号等内容营销的能力，紧密联系受众需求；提高品牌意识，重视展品代表的主题和特色；强调体验式、社交化、个性化的消费，建立客户关系管理系统，提高服务水平。

（4）智能化发展程度日益加深。

人工智能在动漫游戏会展中的运用例如签到系统、进撤展系统等方面将更加广泛，展会活动的虚拟形式将日益取代实物形式，更多地采取"线上参展，线下推广"的模式。依托大数据技术，从展会数据中获取有价值的信息，提高动漫游戏展会活动方案的精准度，提升服务效率。进一步地，通过建立数据库并进行深入分析，开拓创新发展路径，形成智能化定制产品，避免展会的同质化现象，提高动漫游戏展会的竞争力。

8.2 港口镇动漫游戏会展产业发展战略

会展业具有强大的产业带动效应，是带动商贸、交通、旅游等相关产业发展、催化城市和地区经济增长的朝阳产业。会展业的发展有助于把握市场走势及其发展规律。通过会展活动，能汇聚巨大的人才流、商品流、资金流、信息流、技术流，对国民经济和社会进步能够产生难以估量的影响和拉动作用。

8.2.1 动漫游戏会展产业近期发展战略

在会展旅游领域，会议需求方、参展商是整个产业链的核心，并由此衍生出专业的会议会展公司即会议组织者（PCO）和目的地接待者（DMC）。会议需求方重视会展旅游策划过程中的整体方案、创意及服务细节，因此，会议组织者必须具备较高的专业程度，在提供策划案、会场预定、展台搭建、礼品准备、会议营销、新闻发布、媒介策划及媒体邀请、会议旅游、餐饮及娱乐预订等方面提高服务水平，从而增强其核心竞争力。在2022～2023年的近期阶段，主要完成以下方面的任务：

（1）建设完善的会展配套设施。加强国际会展中心设施建设，科学设计场馆设施，优化室内展馆、会议中心以及可用作展览场地或停车场的室外场地的布局。支持和利用数字化技术，加强数字化管理、数字化应用、数字化改革，设计会展业重点业务场景。

（2）提供便捷的交通设施。优化城镇交通枢纽和商贸区到达会展中心的交通道路，设立会展交通指示标识，按照国家对于旅游产业类特色小镇的建设标准提升港口镇的交通设施水平，为参展各方提供交通便利。

（3）提供周全的配套服务。根据港口镇游戏游艺产业各主导环节的发展规划，在酒店、餐饮、银行、商店等方面做好配套工作，满足来自世界各地的客商、游客的差异化需求；提供线上和线下多种方式的咨询服务；建立数据共享平台，精准匹配会展供需信息，并做好会展展品物流配送服务。

（4）搭建"互联网+会展"系统平台。通过搭建前期系统集成数据库、集成买家检索分析系统、对口观众信息发布、客户关系管理、在线买卖配对、现场跟踪、后期数据挖掘、智能化设备管理等，使得网络会展平台的服务更加人性化，方便参展商监控会展全过程，为参展商提供实时信息，包括参观者数量、注册用户数量、点击率、流量等。

8.2.2 动漫游戏会展产业中期发展战略

在2024~2025年的中期阶段，建设以品牌展会为标志的大会展项目群。

（1）搭建引进专业化运营团队。引进国内外专业机构或企业，完成营销策划、影视媒体、会议组织、展览设计、广告宣传、展台搭建、展具租赁、交通物流、法律保险、宾馆酒店、翻译服务、综合服务等会展各项工作，通过专业化服务提高会展活动效率和声誉。

（2）创办动漫游戏主题特色展会。依据港口镇整体规划，创办以动漫为主题的专业细分展会，利用小镇动漫游戏产业的相关资源，吸引相关重点企业前来参展，形成港口镇在动漫游戏展会方面的重要特色。

8.2.3 动漫游戏会展产业远期发展战略

在2026~2030年的远期阶段，建成以动漫游戏展会为标志的国际化专业会展中心。

（1）通过加强合作扩大会展规模。积极开展国际合作，通过多种合作方式吸引国际知名会展机构到港口镇参与各类会展活动，展示行业相关先进成果，不断扩大本地会展规模。

（2）积极拓展海外市场。积极参与国际相关行业会展活动，促进港口镇企业参与国外会展行业竞争，提高相关机构和人员的国际视野和专业素质，并通过资本运作寻求扩张，进入国外会展市场。

（3）打造特色会展的国际影响力。逐步提高会展的质量和声誉，从而相应地提高港口镇的知名度和美誉度，在带动和促进当地服务业发展的同时，提升特色小镇的国际影响力。

9 港口镇游戏游艺配套
服务业发展规划

港口镇目前的产业结构正处于优化升级的过程中，第三产业具有很大的成长空间，特别是在价值链的高端环节，需要加大发展支持力度。游戏游艺类各主导产业的进一步发展需要注重配套服务内容，特别是在研发设计、检测认证、软件与服务外包等方面，应结合港口镇实际情况明确发展目标、发展重点和发展策略。

9.1 港口镇游戏游艺配套服务业可行性分析

港口镇在发展游戏游艺主导产业的基础上，发展相关配套服务业的条件更为成熟，主要表现在以下三个方面：

（1）政策环境趋好。

"十三五"时期，国家就明确提出，要开展加快发展现代服务业行动，扩大服务业对外开放，优化服务业发展环境，推动生产性服务业向专业化和价值链高端延伸、生活性服务业向精细和高品质转变。广东省广州市、中山市以及港口镇各级政府部门都针对生产性服务业特别是游戏游艺相关行业出台政策进行专门支持，形成了良好的政策发展环境。

1)《广东省"十四五"规划和2035年远景目标纲要》强调提升现代服务业发展能级。通过发展研发、设计、会展等现代服务业，壮大总部经济；积极对接国际高端会展资源，提升重要会展的办展水平，推动广州等建设重点会展城市；培育国际知名展览品牌和配套服务企业；支持利用大数据、物联网等新技术改造提升传统生产性服务业。实施知识产权保护、旅游服务、文化创意、智慧教育等试点示范，加快形成服务经济发展新动能。

2）《广东省人民政府办公厅关于加快发展生产性服务业的若干意见》（粤府办〔2015〕54 号）明确提出，通过加强研发创新平台建设、提升工业设计服务水平、鼓励发展第三方检验检测认证服务、大力发展生产性服务外包等做强先进制造业产业链"微笑曲线"两端。并且，积极支持打造生产性服务业集群化集聚化发展载体，推动制造企业服务化，加快建设面向先进制造业的公共服务平台。

3）《广州市工业和信息化发展"十四五"规划》指出，作为国家服务型制造示范城市，广州市应通过发展应用服务优化产业空间布局。积极发展微服务、智能服务、开发运营一体化等新型服务模式，提升信息技术服务层级。聚力发展数字创意等数字经济核心产业，包括游戏电竞产业、原创游戏产品研发、游戏服务外包等，打造电竞主题产业园，发展动漫产业及关联产业，推动游戏电竞动漫一体化发展，完善动漫产业链服务平台。

4）《广州市人民政府办公厅关于加快发展高端专业服务业的意见》（穗府规〔2018〕22 号）提出，将每年组织核定一批高端专业服务业重点企业，对企业中年工资薪金应税收入达到 60 万元以上的高端人才给予每人 6 万~10 万元的奖励，奖励名额不受限制；对全部高端人才均未达到年工资薪金应税收入 60 万元以上的重点企业，给予 1 个奖励名额，金额 6 万元。同时，明确要加大品牌宣传力度，引导高端专业服务业企业强化品牌服务意识。支持鼓励高端专业服务企业争创各级品牌；支持设计领域企业单位和工作室参与各类行业评定评价，并按照《广州市高端专业服务业奖励项目表》标准给予每项 3 万~100 万元的奖励。

5）《广州市人民政府关于加快服务贸易和服务外包发展的实施意见》（穗府〔2020〕5 号）确立了到 2025 年，服务贸易和服务外包规模保持全国前列的目标。具体提出三项主要任务：一是围绕国家发展规划，强化国际商贸中心服务功能。包括深化穗港澳在工业设计、文化创意、会展、专业服务等领域的互利合作；二是围绕高质量发展，提升重点领域服务能级，包括优化提升检验检测等领域的服务外包，扩大文化艺术、动漫游戏、创意设计、虚拟现实技术等服务出口；三是围绕资源高效配置，优化产业促进服务体系，包括技术研发、人才培训、国际展示的支持公共服务平台建设等。

6）《广州市人民政府办公厅关于印发广州市加快软件和信息技术服务业发展若干措施的通知》（穗府办规〔2020〕2号）提出，要提升自主创新能力，支持有条件的企业围绕人工智能、虚拟现实等关键领域开展技术攻关，培育建设各级各类重点实验室、产业创新平台等，构建核心软件产业技术体系；要培育产业生态体系，支持信息技术应用创新、人工智能、虚拟现实、互联网等平台型软件企业开放核心应用、内容等平台能力，为开发者导入用户、流量、接口、技术、产品推广等资源。

7）《中山市人民政府关于进一步鼓励发展总部经济的若干意见》（中府〔2019〕118号）明确在促进总部经济发展过程中的重点任务，包括支持发展现有总部企业、大力培育本土总部企业、积极引进市外总部企业、加快建设总部经济区四个方面。其中，包括咨询服务、展览展示等商务服务业，出版发行、广播影视节目制作和传输、内容创作、数字创意、动漫游戏、演艺娱乐等文化旅游业。从企业落户、财政贡献、用地保障、人才服务、政务服务等方面提供支持政策。

8）《港口镇促进城北商务区产业集聚发展的暂行办法》规定，对文化创意、研发与科技服务、检验检测认证等行业和领域进行扶持，镇财政每年安排1000万元（具体扶持总金额以核拨金额为准，由经信局和财政分局商定）作为促进城北商务区产业集聚发展专项资金。

（2）发展空间趋广。

2018年，在世界城市研究机构GaWC发布的世界级城市名册中，广州首次进入一线城市序列。[①] 该排名主要是对全球城市进行评测，内容涉及金融、会计、广告、法律、管理咨询五个行业，并在排名中对这些城市进行级别划分。GaWC有关研究人员表示，相较于除上海外的长三角城市，珠三角城市有着更高的全球连通性。该机构最新监测分析显示，广州已崛起为继香港、上海和北京之后的中国第四大金融中心（见表9-1）。港口镇处于粤港澳大湾区城市群中的交

---

① GaWC将世界城市分为四个大的等级，即Alpha（一线城市）、Beta（二线城市）、Gamma（三线城市）、Sufficiency（自给自足城市，也可理解为四线城市），同时，每个大的等级中又区分出多个带加、减号的次等级。

通枢纽位置，可以积极对接深中通道，以游戏游艺主导产业的转型升级，推动所在中山市中心组团的发展。

表 9-1　2010~2020 年中国 GaWC 百强城市及其排名

	2010	2013	2016	2018	2020
香港	3	3	4	3（Alpha+，一线强）	3（Alpha+，一线强）
上海	7	7	9	6（Alpha+，一线强）	5（Alpha+，一线强）
北京	12	10	6	4（Alpha+，一线强）	6（Alpha+，一线强）
台北	43	42	36	26（Alpha，一线中）	36（Alpha−，一线弱）
广州	67	53	40	27（Alpha，一线中）	34（Alpha−，一线弱）
深圳	—	—	85	55（Alpha−，一线弱）	46（Alpha−，一线弱）
成都	—	—	100	71（Beta+，二线强）	59（Beta+，二线强）
杭州	—	—	—	75（Beta+，二线强）	90（Beta，二线中）
天津	—	—	—	86（Beta，二线中）	77（Beta，二线中）
南京	—	—	—	94（Beta，二线中）	87（Beta，二线中）
武汉	—	—	—	95（Beta，二线中）	98（Beta−，二线弱）
重庆	—	—	—	—	96（Beta，二线中）

资料来源：作者整理。

从世界范围看，每 1 元制造业增加值，相应有 1 元以上的生产性服务业为其提供配套。2021 年，港口镇 GDP 为 87.5 亿元，其中，第三产业增加值为 36.5 亿元，同比增长 10.8%，第三产业增加值占地区生产总值的比重达 41.8%。[①] 从中山市的整体情况看，2021 年中山市 GDP 为 3566.2 亿元，其中，第三产业增加值为 1713.6 亿元，同比增长 5.0%，第三产业增加值占地区生产总值的比重达 48.1%。[②] 可见，港口镇在生产性服务业方面表现出较大的发展空间。此外，2021 年，港口镇人均 GDP 已达 9795 美元，而国际经验表明，人均 GDP 突破 3000 美元后，服务业发展就会更加活跃，特别是生产性服务业会迅速提升。

---

① 资料来源：《港口镇 2021 年 1-12 月经济发展主要指标》，港口镇人民政府网站。
② 《2021 年中山市国民经济和社会发展统计公报》，中山市统计局网站。

（3）发展基础趋实。

1）区位优势突出。港口镇位于广佛都市群、西岸都市群、东岸都市群的核心连接位置，并处于穗港澳经济走廊的中心区域，驾车到达广深珠港澳五城的国际机场均只需 1 小时，形成至珠三角核心城市群 1 小时便捷生活圈，区位优势显著，在产业转移、人才吸引、资源集聚等方面具有潜在优势。

2）服务业集聚区发展较快。中山市于 2009 年就规划建设 26 个服务业集聚区，截至 2018 年底，共建设 5 批 31 个服务业集聚区，涵盖了信息科技、高端商务、大数据、智能制造、金融服务等行业；2021 年，中山市着手打造现代服务业集聚创新区，并于 2022 年印发《中山市生产性服务业集聚示范区认定管理办法》，进一步优化城市空间布局，助推产业转型升级。在服务业增加值上，中山于 2013 年成为省内继广州、深圳、东莞、佛山之后第 5 个服务业增加值超千亿元的地级市。其中，港口镇商务服务业集聚区将引导高端商务、金融服务、技术研发、电子商务、现代商贸、文化娱乐、检验检测认证等行业集聚化发展，推动港口镇生产性服务业向专业化和价值链高端延伸、生活性服务业向精细化和高品质转变。

3）服务业新兴业态企业发展较好。2020 年底，中山市培育服务业新兴业态企业增至 983 家，[①] 服务业新兴业态具有高知识密集、高技术含量、高附加值、高带动能力等特征，包括新兴金融、文化创意、现代物流、研发和科技服务、专业服务、新兴信息技术服务、电子商务、健康服务等行业和领域，并将成为现代服务业发展的主导力量和重要增长点。

目前，港口镇游戏游艺产业正处于转型升级阶段，并且伴随港口镇主导产业阶段性发展以及软环境与硬环境建设的不断完善，游戏游艺配套服务业具有较好的发展前景。在产业链条的上游内容创意环节、中游生产制造环节和下游场所经营环节之间存在价值高低之分，其中，中游的生产制造环节附加值低，而上游和下游环节的附加值较高（见图 9-1）。港口镇在大力发展中场产业以提升"微笑曲线"的同时，依循最终打造国内重要的游戏游艺服务业集聚区的发展思路，须培育上游和下游的高端服务产业。

着手打造游戏游艺配套服务产业，即通过研发、设计、品牌、行销渠道、运

---

① 资料来源：《中山打造大湾区西翼现代服务业发展高地》，中山日报，2022 年 5 月 21 日。

筹能力提升工艺、制造等的附加值，也就是通过向"微笑曲线"的两端渗透为港口镇创造更多的价值。

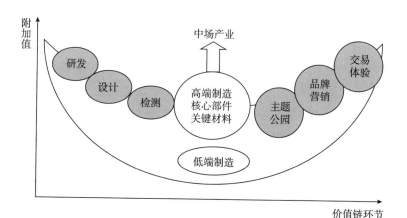

图 9-1 价值链"微笑曲线"

港口镇在培育配套服务业方面的重点是：

①围绕游戏游艺中场产业的研发产业；

②围绕游戏游艺中场产业的设计产业；

③围绕游戏游艺中场产业的检测认证机构；

④围绕游戏游艺中场产业的科技中介服务机构。

此外，需主要抓好以下具体工作：

①积极引进跨国公司游戏游艺研发中心。

②大力发展第三方研发公司。

③主动与本地大学、科研机构进行技术研发合作，成立相关研发机构。

④在游戏、动漫、电影、主题公园等的设计领域，引进相关龙头企业。

⑤积极开放政府检测服务市场，发展第三方检测。

⑥积极培育以专利排查、信息检索、专利申请为主要业务的专利服务机构。

⑦鼓励发展从事标准信息咨询、检索、起草的标准服务机构。

⑧支持发展行业协会和商会。

按照港口镇的发展思路与目标，为把港口镇建设成为国内重要的游戏游艺服务业集聚区，为全球重要的游戏游艺产业基地提供必要的服务业支撑，重点打造研发设计、测试认证、软件与服务外包等高端生产性服务业。产业价值链分解示意图如图 9-2 所示。

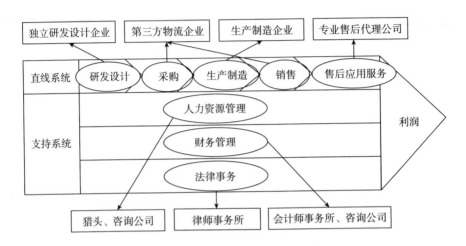

图 9-2　产业价值链分解示意图

9.2　研发设计业

研发设计业属于现代服务业之一，是指从事 R&D 活动并提供产品或服务的组织和企业的集合。在港口镇中，无论是内容创意，还是生产制造或场所经营产业，都对研发设计提出了较高的要求。总体来说，研发产业发展指标包括三类：

（1）产业规模指标。包括科学研究、技术服务以及研发活动相对应的研发业态的规模。

（2）研发活动投入和资源指标。包括 R&D 支出、从业人员、研究机构与基础设施等。

（3）研发活动产出指标。包括技术合同、专利、技术标准、论文等相关科研成果。

对游戏游艺研发设计产业进行重点培植，形成研发资源与人才优势，从而对游戏游艺产业研发环节中的企业形成产业吸引力与区域拉动力，聚集从事独立研发、设计类业务的企业。

9.2.1 发展目标

大力发展研发、设计产业，将港口镇打造成为"中国游戏游艺研发设计之都"的核心载体。

9.2.2 发展重点

以研发业、设计业为主要方向，重点发展游戏游艺内容创意、生产制造、场所经营领域的高端研发。设计业重点发展游戏、动漫、影视以及相关产品新材料、新工艺、场馆设计；配套发展广告设计、展示设计、包装设计和装帧设计等商业领域设计。

9.2.3 发展策略

（1）积极引进跨国公司研发中心，大力支持第三方研发公司发展。

（2）积极吸引跨国公司在港口镇设立独立的研发中心，或者与企业、院所、大学共同成立研发机构。

（3）逐步建立和培育一批新型科研院所，根据企业的长远需求和潜在的市场远景，承担企业外包的具有前瞻性、先导性、应用性的研发任务，增强科研院所和大学的市场化服务能力。

（4）扩大城市规划与建筑设计行业影响，积极推进规划设计类科研院所市场化发展。

9.3 检测认证业

实施技术标准战略是国家中长期科学和技术发展的重要内容与举措，要"将形成技术标准作为国家科技计划的重要目标"。① 不过，游戏游艺主导产业所涉及的许多重点发展领域与产品，在全国甚至全球范围内尚缺乏公认的标准。因此，大力提升相关研发能力，在行业标准制定方面抢占先机，是提高港口镇竞争力的重要战略环节。在此方面，港口镇竞争力主要体现在全国性检测、认证机构的建立方面。

9.3.1 发展目标

大力发展检测服务和科技中介服务等环节，将港口镇打造成为"全国游戏游艺产业检测认证中心"。

9.3.2 发展重点

以检测认证、科技中介服务等价值环节为主要方向，科技业针对游戏、动漫、影视、衍生品等产业领域，发展面向产前、产中和产后相结合的市场化检测服务，提供面向生产环节的质量检测服务和功能开发检测服务。

科技中介业大力发展各类生产力与行业促进机构、专业化服务机构；发展各类技术交易机构、技术转移中心和科技成果转化中心；发展科技咨询机构、专利服务机构、标准服务机构、各种行业协会和商会。

9.3.3 发展策略

（1）开放政府检测服务市场，积极发展第三方检测。

（2）加大政府采购力度，增强检测机构的市场服务能力。

（3）搭建科技创新与产业间的桥梁，整合利用行业内部资源，大力发展各类生产力与行业促进机构、专业化服务中心和孵化器。

（4）积极培育以专利排查、信息检索、专利申请为主要业务的专利服务机构，鼓励从事标准信息咨询、检索、起草的标准服务机构发展。

（5）支持发展软件、通信、金融等领域的行业协会和商会，加强行业规范，做好行业自律，扩大行业影响力。

---

① 资料来源：《国家中长期科学和技术发展规划纲要（2006—2020）》，科技部。

9.4 软件与服务外包

服务外包尤其是离岸服务外包是全球软件行业的亮点，中国已发展成为全球服务外包转移的热点目的地。新兴市场将重点转向高端咨询服务领域，涉及 IT 咨询、整体实施、系统整合等。其中，客户关系服务是中国离岸经营业务比例最高、增长最快的领域。

9.4.1 发展目标

软件及服务外包产业以软件板块建设为抓手，以承接服务外包为重点，发展成为全国知名的软件产业基地和服务外包交付中心。

9.4.2 发展重点

（1）软件产业：重点发展嵌入式软件、应用软件、信息安全等细分领域。

1）嵌入式软件。重点发展和游戏、动漫、影视等产品相结合的嵌入式软件。

2）应用软件。重点发展与游戏游艺优势产业相关的行业应用软件。

3）制造信息化领域。发展 CAD、CAM、CAPP、PDM、ERP 等产品，并发展三维 CAD、业务流程管理（BPM）、产品生命周期管理（PLM）、制造执行管理系统（EMS）等新产品。

4）信息安全。重点发展安全数据库系统、数据库加密系统、数据安全保密支撑平台、计算安全平台软件、网络安全套件等产品。

（2）服务外包产业：重点发展应用软件外包、业务流程外包、设计研发服务等细分领域。

1）应用软件外包。重点发展与信息安全（智能卡、数字安全、安全数据库等）、数字媒体内容等相关的应用外包，以及游戏游艺等行业与企业的专业化制造软件开发与服务。

2）业务流程外包。重点发展金融、保险和电信领域的财务技术、人力和消费者支持服务。

3）设计研发服务。重点发展游戏游艺产品和制造业嵌入式软件研发，信息安全、制造业信息化等领域软件研发。

9.4.3 发展策略

（1）立足建设具有游戏游艺特色的"高起点、高水准、高效率"的国际软件园，注重品牌营销，加强市场推广和宣传活动，塑造区域品牌。

（2）鼓励企业进行 CMM 认证，并广泛依托各类中介服务机构，面向中小企业组织培训和交流活动，帮助其提高技术水平和经营能力。

（3）培养港口镇软件产业龙头企业，积极吸引海外大型跨国软件企业来园区投资、合资或合作创办软件企业。

（4）由龙头企业牵头，以软件企业为主体，建立港口镇软件产业联盟，共同促进形成以应用为目标的软件动态联盟。

（5）支持以联盟形式申请研发项目。

10 港口镇游戏游艺产业空间布局

基于产业布局原则，对港口镇游戏游艺产业的空间结构系统进行规划，并且进一步完善城市设计。

10.1 港口镇产业空间布局原则

（1）全面考虑，突出特色。

制定港口镇游戏游艺产业的空间布局必须从整体背景出发，在详细分析国内外游戏游艺产业发展现状与环境、产业发展前景、港口镇社会经济发展水平等的基础上，实施空间规划。因此，港口镇的空间发展规划必须遵循全面考虑、突出特色的原则进行。

（2）把握定位，稳步发展。

港口镇在产业链中的准确定位对整个广东省游戏游艺产业未来的发展具有重要指导意义，也是小镇空间发展规划的前提。同时，鉴于港口镇发展仍处于起步阶段的特点，明确定位引进规模大、对游戏游艺上下游能够起到整合作用的龙头企业，以此在短期内提升游戏游艺产业的规模，拉长增粗产业链，形成空间有效配置，便于实施空间指导。

（3）突出重点，全面带动。

产业空间布局的目的是通过空间经济和政策的合理引导，将内容创意、场所经营和地区优势产业列为空间发展重点，继而带动周边产业的发展。首先，要根据地域特征选择需要重点发展的产业内容，以便带动周边地区产业的快速壮大；其次，规划好产业的空间布局，关键是组织好研发中心与其应用产业的空间关系。因此，拥有自主知识产权的相关技术是产业稳步发展的保障，也是实施空间布局的首要前提。

（4）遵循规律，协调布局。

港口镇空间布局需要考虑产业本身的辐射过程，同时兼顾地方发展的基础，协调好各模块间的关系。从功能上看，游戏游艺产业可分为产业生产基地、生产配套区、研发孵化区、核心办公区与生活配套区，逐渐形成各区的递进式发展。港口镇要充分考虑游戏游艺产业的发展规律，布局好各重点集群的空间位置，并协调好其产业链关系。

10.2　港口镇发展空间总体规划

港口镇产业发展空间划分为五大区域，即核心办公区、生产基地、生产配套区、研发与孵化区和生活配套区。

（1）核心办公区。该区作为办公区域，可以完成管理机构、企业等举办的会议、展览、认证、咨询、教育培训等功能性活动，并建设有商务酒店、银行等机构。

（2）生产基地。该区包括动漫衍生品、游戏衍生品、游乐设备、VR/AR 设备等的生产基地，是以主导产业及相关上下游产业为主体的产业集聚区，可以实现产业人才、资本、技术和信息资源的整合和辐射效应。

（3）生产配套区。包括物流中心、产品示范区等。

——物流中心。在生产基地附近、接近高速公路的地方设立一个物流中心，方便物资的流通。

——产品示范。以核心办公区为试点，利用游戏游艺产业相关产品建立示范应用区，充分展示新产品的特色与优势。

（4）研发与孵化区。包括研发设计中心、检测中心、分实验室、中小企业孵化基地等。

（5）生活配套区。包括居住、休闲、娱乐购物等。

——高管、人才生活区。功能包括高档居住、娱乐以及办公等。主要是为引进的高级管理和技术人才提供良好的生活环境。

——职工生活配套区。本区是小镇普通职工生活配套区，内容包括职工公寓、幼儿园、医院、商业、金融、娱乐等。

10.3　港口镇空间结构布局

规划区用地性质多样，功能复合，以此实现特色小镇对生产、生活、生态的发展需求。

（1）空间管制规划。

构建城市骨架道路系统结构，支持城市空间拓展；补充完善低等级道路系统，形成有效的道路系统网络。完善干道道路系统建设，支撑城市建设发展；加强与区域性交通设施及资源的交通联系，满足内外部交通快速衔接需求；特别注重完善内部道路系统性，满足各类居民交通出行需求。

（2）开发强度规划。

建设用地开发强度参照《中山市建设用地容积率管理规定》，结合港口镇游戏游艺产业基地情况，滨河地带容积率小于1，核心区适当提高到3，其他区域按照建设需求，控制在1~3，以此进行容积率控制。

（3）建筑高度规划。

高度布局充分考虑地貌特色、生产生活需求以及特色空间营造需要。总体上形成相对平缓的空间格局，在核心地带打造特征高度分区。核心区围绕水系展开建筑布局，滨水布置低层建筑，保障滨水空间的可见性；重要门户位置布置少量高层建筑，形成地标。

（4）道路系统规划。

充分利用现状路面，减少建筑拆迁、管线搬迁，对工业区等生产区域、居住区等生活区域、滨水区等景观区域的道路区别对待。道路的绿化景观功能通过不同宽度的绿化分隔带进行体现，提升道路绿地率，形成具有丰富界面的道路景观体系。具体分为以下三类：

1）对于城市景观大道，道路两侧应设置连续绿化带，宽度10~20米，局部路段可设置开敞绿地；多层后退绿带10米，高层后退绿带15米；视线开敞，建筑边界贴建筑控制线比率不作要求。

2）对于城市综合轴线，道路两侧可设置连续绿化带；多层建筑后退10米，高层建筑后退15米；形成整齐、连续的街道界面，建筑边界贴建筑控制线不小于70%。

3）对于城市商业街道，道路两侧不应设置绿化带；要求3层建筑退台，低层后退3米，多层后退5米，高层后退10米，形成丰富的建筑立面；形成较强的建筑围合，建筑边界贴控制线不小于85%。

（5）慢行交通规划。

构筑慢行交通网络，提升慢行交通品质，鼓励和引导慢行交通出行。明确优化慢行交通道路功能，并进行慢行交通系统分区，根据各区特性提供不同的慢行交通设施；满足各类慢行交通出行需求；继续完善城市绿道系统和公共自行车租赁系统；优化道路断面，构建完善的慢行系统网络结构；更加注重慢行系统与公共交通系统等其他系统的衔接。

（6）景观结构规划。

构架富有游戏游艺特色的景观体系，规划重点打造水巷通廊及沿河功能景观廊道，形成一个景观核心，两条主要景观轴线，沿景观轴布置主题乐园和多种类型的景观节点，形成处处融景、街街成景的水乡景观。

（7）旅游服务规划。

重点策划游戏主题体验、影视文化、郊野乡俗游览、工业旅游体验、创意文化遗址观光五大类旅游项目。具体包括水世界主题公园、船舶遗址博物馆、VR/AR主题公园、游戏会展中心、乡村度假区、影视制作体验园等18个重点旅游项目。旅游线路可以设计为以下三类：

1）影视主题旅游线路：游客中心—美食文化街—码头—影视主题乐园—动漫制作体验—船舶遗址公园—酒店。

2）游戏主题旅游线路：游客中心—游戏VR体验、展示馆—时光隧道—动漫大师工作室—游戏会展中心—水世界主题乐园—商务会展—酒店。

3）郊野体验旅游线路：游客中心—玩具工坊体验—芭蕉迷宫—鱼塘垂钓—

郊野公园—艺术中心—酒店。

（8）公共设施规划。

完善游戏游艺特色小镇的公共设施系统，提高公共服务设施水平。公共设施沿水系和绿地布置，结合生产服务、生活服务、科研创新、企业商务形成多个公共服务核心及节点。

（9）绿地系统规划。

坚守生态良好底线，在保留原汁原味自然风貌的基础上，建设有特色和底蕴的绿色园区。沿河流控制完整的滨水绿化，从而形成"蓝绿联系"的生态大格局；在此基础上，通过游戏游艺基地内部布置的绿化廊道，将其引入各组团内部，通过"蓝色渗透"优化生态微环境。依托生态保护区打造主题公园绿地景观。

10.4   港口镇城市设计

（1）设计理念。

1）土地混合开发利用。促进城市功能复合，有效开发。其中，功能复合的意义在于功能之间能彼此提供支援性服务。美国城市土地协会研究指出，复合型城市开发必须具备三种或三种以上能创造显著收入的使用性质，如零售、办公、居住、旅馆和娱乐等，并具有相互促进但不是完全单一依赖的关联性，且保证高密度的使用。有效的功能复合，并非简单的功能混合，而是强调各种功能之间的系统组合以及高效的网络连接。

2）组团布局。游戏游艺产业各功能分区依托山水形成紧凑、多核心的组团状布局，体现弹性可生长、绿色可持续的规划理念。组团采取小封闭、大开放的空间格局，把生态园区产业景观开放给小镇居民。

3）生态。构建生态廊道、识别重要绿色斑点、水系统修复、人工湿地建设，形成绿色生态的办公环境，提高工作效率。建设海绵城市，强调优先利用植草沟、雨水花园、下沉式绿地等"绿色"措施来组织排水，以"慢排缓释"和"源头分散"控制为主要规划设计理念，有效提高城市排水系统标准，缓减城市内涝压力。

（2）规划结构。

规划提出"T"字形的空间骨架，形成"两轴、一核、三片区"的空间布局模式。"两轴"即东西向浅水河滨江发展轴、南北向沿沙墩水巷发展轴；"一核"为集游戏内容制作、数据处理、游戏游艺体验、创业孵化、金融服务等功能为一体的集聚平台；"三片区"为产业整治片区、核心发展片区、远期发展片区。其中包括若干产业园区和主题公园。

（3）功能分区。

规划结合用地发展情况划分五大产业功能区和人才公寓生活区，并采用适度用地功能混合的方式，提高规划的弹性和可操作性。

其中，"智能制造区"引导工业企业转型升级；"游戏设备制造区"适度保留部分游戏设备制造企业，保证产业发展可持续；"众创研发区"引导鼓励游戏龙头企业进驻和小微企业创新创业，打造游戏产业集聚平台；"教育培训区"与高校合作，培育培训游戏游艺人才，提高游戏游艺研发水平；"产业转型示范区"依托游戏产业城，大胆创新，形成游戏游艺产业转型的示范先行区。

（4）核心区城市设计总平面和经济技术指标（见表10-1）。

表10-1　核心区经济指标

序号	用地代码	用地名称	面积（公顷）	所占比例（%）
1		城市建设用地	50.09	
	R2	二类居住用地	1.2	2.3
	R2、B1	居住、商业	2.6	4.9
	A3、B2	科研、办公	2.7	5.1
	B2、B1	商务、商业	11.4	21.5
	B2	会议、会展	1.13	2.1
	A2、B2	文化、商务、金融	6.8	12.8
	B1、B3	娱乐、商业	3.96	7.5
	A3、M1	科研、工业	6	11.3
	A2、B3	服务接待、文化设施	1.3	2.4
	G2	防护绿地	0.76	1.4
	G2	公园绿地	8	15.1
	S	道路	4.24	8.0

续表

序号	用地代码	用地名称	面积（公顷）	所占比例（%）
2		水域和其他用地	3	
	E1	水域	3	5.7
3		规划总用地	53.09	100

11 港口镇游戏游艺产业发展保障措施

港口镇游戏游艺产业的发展历程已经表明，有力的政策支持是推进产业转型升级的重要保障。同时，在组织机构、产业招商、服务平台、沟通机制、知识产权服务、品牌形象等多方面都需要进行系统设计、持续创新，从而高效地实现港口镇游戏游艺产业的战略发展任务。

11.1 推动组织创新，优化服务职能

成立"港口镇游戏游艺联合办公中心"（以下简称联办），完成港口镇相关组织与协调工作。以联办为核心，整合各发展阶段中渐次成立的部门机构，形成港口镇内外联动的组织结构。其中，港口镇内部的组织包括品牌运营中心、协会商会、研发检测中心、IT网络平台、龙头企业和一般企业；港口镇外部的组织包括政府相关部门、同业镇区、相关企业、金融机构、高校科研机构和中介机构（见图11-1）。紧密围绕内部组织间沟通协调以及港口镇内外部组织间协同合作，形成浓郁的服务型小镇氛围，以高水平的服务吸引并整合优势资源，带动港口镇发展成为一流品质园区。

以联办为核心的港口镇组织机构在本阶段的工作重点包括：

（1）提供方便共享的办公空间。

联办为港口镇内企业组织提供办公室、会场、停车场、公共技术设备等服务

设施。这些办公空间和设施对于企业的发展非常必要。其运营特点是：

——租用形式灵活，可以满足企业成长或收缩的特定需要；

——租金相对优惠便宜。

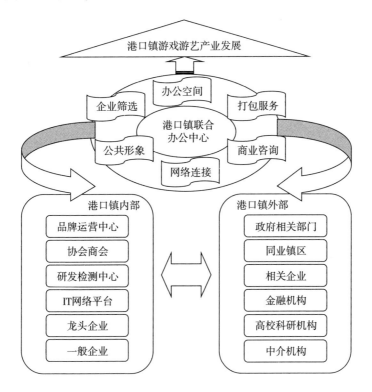

图 11-1 港口镇产业发展组织机构

（2）提供便捷高效的会务服务。

联办为港口镇内企业组织提供文秘、同声传译、餐饮、IT 技术运用等相关会务服务。其运营特点是：

——服务更为高效专业；

——服务价格比其他地方更为低廉。

（3）提供专业的商业和咨询服务。

以联办为纽带，为港口镇内企业提供业务发展与培训服务，包括商业计划、领导力、市场和销售方面的培训或专门指导，以及人力资源、业务开拓、财会、法律事务、广告和金融咨询等。其运营特点是：

——服务由联办专职人员以及联办推荐的咨询专家提供；

——主动组织面向小镇企业的临时、非正式的咨询服务；

——主动访谈并持续性参与小镇企业运营的咨询服务。

（4）加强港口镇内外部组织合作与资源整合。

本阶段，联办在港口镇内组织间以及小镇内外部组织间所发挥的中介作用更加突出。一方面，联办在小镇内部将各企业组织起来，组建一个内部联系网络；另一方面，在政府相关部门、同业镇区等之间建立一个外部联系网络。其运营内容与特点是：

——利用港口镇品牌效应增强小镇内外部组织之间的相互信任，加强小镇内外部组织间的业务联系；

——通过组织国际性的会议或会展，丰富企业发展所需信息，并提供更多发展机会；

——充分利用其沟通服务优势，整合小镇内外部资源。

（5）树立良好可信的公共形象。

这项工作主要包括两方面内容：一是树立联办自身良好的公共形象，以此增强港口镇的集聚效应，优化港口镇信任关系以及各组织间合作关系；二是树立港口镇整体的高端公共形象，系统化进行港口镇品牌建设，以此形成港口镇内企业极具价值的无形资源。本阶段，企业借助港口镇良好可信的公共形象进一步开发客户资源，获得优质合作伙伴。同时，强势品牌可以使港口镇成为中山市以至广东省的重要经济增长极，进而打造世界重要的游戏游艺产业基地。其运营特点如下：

——重视多渠道传播，建设港口镇形象工程；

——以企业品牌与小镇品牌联动共进为工作主线。

11.2 出台鼓励政策，建设重点项目

（1）鼓励游戏游艺主导产业重点项目开展的政策。

——对新增或扩建投资项目给予资金补贴；

——属于游戏游艺产品制造中场产业生产的新建投资项目,在签订投资合同1年内建成厂房,18 个月内正式投产的,按已报建建成厂房建筑面积补贴100 元/平方米。属于相应配套项目的,符合上述条件的补贴 50 元/平方米。

——被认定为市级以上高新技术企业和民营科技企业的,在港口镇范围内租用厂房,厂房面积在 500 平方米(含 500 平方米)以内的给予零租金优惠;面积在 501 平方米至 2000 平方米的部分给予 50%租金补贴优惠。

——港口镇内企业增值税、营业税和企业所得税年税收收入在 1000 万元以上 5000 万元以下的,给予税收地方留成部分 30%的奖励;年税收收入超过 5000 万元以上部分(含 5000 万元),给予地方留成 50%的奖励。该奖励专项用于企业新产品研发或扩大再生产。

——对港口镇游戏游艺主导产业发展有重大贡献的企业投资者、创新型领军人才(团队)、高级管理人员和高级技术人员(有博士学位或高级职称),个人所得税地方留成部分 100%用于奖励其个人;每年另设立总额 200 万元的特殊贡献奖,奖励有特殊贡献的个人或团队(具体办法另行制定)。

(2)推行积极的采购政策,促进游戏游艺产业发展。

制定促进自主创新技术产品应用的采购制度,对于本地自主研发的新产品,政府投资项目优先采购,开展新材料、新技术推广示范工程,通过政府采购、试点应用、配额强制推广等措施,刺激市场需求,促进相关企业迅速扩大规模,壮大实力。政府采购在同等条件下优先选用对港口镇主导产业发展有重大贡献的企业的产品。

——由政府首购和政府采购。对港口镇的高技术产品,要通过政府采购扶持企业进行市场开拓,协调政府各部门帮助企业进入政府采购名单。

——建立"绿色能源"应用示范工程,加大产品推广应用的宣传力度,不断提高社会各界的绿色意识。通过建设一批具有示范意义的应用工程,为游戏游艺产品提供形象展示,引导和推动相关产品的应用。

(3)建设厂房和办公场所,破解中小企业发展瓶颈。

——镇政府牵头建设,帮助企业破解发展瓶颈。在港口镇规划范围内,由镇政府根据产业布局统一规划,按照多元投资主体进行建设,自用或者出租、出售给入驻企业,作为生产经营场所的厂房或办公场所,以吸引中小企业及非公企业进入小镇创业并承接产业转移。

——厂房或办公场所租金可优惠或全免。对入驻企业实行免租、列支补助及就业定补政策优惠。同时鼓励入驻企业大量使用本地员工，凡招收当地员工的入驻企业，均给予一定的补助。

——鼓励社会资本建设厂房和办公场所。发挥民间资本优势，破解企业资金不足、厂房建设时间长等难题，为企业发展积极搭建平台。除小镇筹资建设外，可以鼓励各类资本参与，并在有条件的地区探索工业地产开发运作模式。由小镇统一规划建设，符合游戏游艺产业发展规划、承接中小企业及非公企业入驻发展的厂房和办公场所，经管理部门审查认可，可纳入扶持范围。

11.3 做好产业招商，创新招商策略

（1）推进资源与产业招商。对目前港口镇内的存量资源进行梳理和分析，以市场为纽带，以优势突出、前景看好的优质资源为依托进行招商，形成跨国投资的新局面。着眼整个港口镇，围绕主导产业进行补链行动；围绕主导产业各龙头企业的重点项目，做好配套产业和产业上下游的招商工作，做长产业链，做强产业群。以服务业的全球性和国内产业梯度转移为契机，挑选部分规模大、技术含量较高、具有国际国内影响的项目进行跟踪，加大力量，促进项目落户。

（2）加强招商评估。建立招商项目评估机制，确立招商项目门槛，把单位土地的投资与产出、单位产出的能耗与水耗、对环境与生态的影响、与港口镇主导产业的关联程度等作为项目招商的前置条件，严格把关项目的进入。制定项目层面的招商选择标准、项目招商的优先等级，建立项目引进评估体系；建立项目招商数据库，并定期完善；聘请外部机构和专家参与招商数据库设计与建设、项目评估，确立专家动态评价机制；成立招商评估委员会，作为项目招商的决策机构。

（3）加强优势资源运营投资。借鉴"资本运营"概念实施"资源运营"，即针对优势资源投资，以资源运营资本，依托优势资源招商引资，港口镇要充分发掘现有优势资源的投资价值，不仅要发掘地、风、人等传统优势资源，而且要发掘现有产业和产品的资源优势。港口镇要把现有的优势特色产业和产品作为招商

引资的优势资源，大力实施"资源运营"，以优势资源换取投资，积极打造主导产业链，以优势资源产品招商投资建设项目促进附加值较高的新兴产业，形成较完整的产业链，建成游戏游艺研发设计与场所经营基地。

（4）积极实施开发工业地产筑巢引凤策略。近年来，工业地产作为工业项目的主要载体，已成为国内房地产投资的新热点。港口镇要重视工业地产开发投资项目，即特色小镇整体开发项目。港口镇要上新台阶，打开招商引资新局面，必须重点引进国内外有实力的工业房地产投资商并由其整体开发运作，把政府投资运作转变为市场化运作。开发工业地产是加快港口镇产业发展的创新策略，工业房地产整体开发投资项目可以为大批新建投资项目的入驻打造高水准、高效率、低成本的创业平台。这是降低政府投资风险和新建工业投资项目的入驻成本，提高小镇建设和标准化厂房建设水准，保证工业房地产投资商获得长期稳定投资收益的多赢策略。

11.4　培育市场主体，做强做大企业

（1）完善创业氛围。以港口镇游戏游艺现有产业为良好基础，扩大港口镇游戏游艺企业孵化器的规模与品质；以创业中心等孵化器为主体，做好与广州其他地区的对接，带动全省各地的孵化器发展，促进科技创业。联合市内及周边高校，建设大学生就业培训基地，为大学生提供创业培训和资金支持，建立创业导师制度，鼓励大学生创业。

（2）加快专业孵化器建设，促进科技成果转化。围绕加快发展独立游戏、产品制造、场所经营三大产业，加强相关专业孵化器的建设，促进科技成果转化，推进科技创业。

（3）支持高成长企业。以加速器为高成长企业的空间拓展载体，在相应的产业环节中建立专业加速器；围绕主导产业定位，重点吸引高成长企业入驻；做好对高成长企业的分析，总结其成功经验并广泛推广；支持企业商业模式和业态创新。邀请国内外商业精英云集港口镇举办"商业模式创新"论坛，培育商业模式创新理念和氛围。

（4）整合形成高技术大公司。加强对行业资源的整合，促进龙头企业的改革和对外扩张，在独立游戏、产品制造、场所经营等产业领域，依托龙头企业进行行业整合，形成整体竞争优势；积极推进行业龙头企业和规模企业上市融资；在推进企业上市融资的过程中，以科技型企业和留学生企业为重点在各类创业板上市，参与并制定国际、国内和行业标准，抢占产业制高点。

11.5 搭建服务平台，支撑产业发展

（1）制定港口镇游戏游艺产业发展目录。根据主导产业定位与发展路径，确定不同产业、不同价值链环节/单元发展的优先等级；综合考虑产业群/细分行业/价值链环节、对应的发展优先等级两个维度，制定港口镇游戏游艺产业的发展目录，作为项目引进的基本大纲；产业发展目录每两年滚动修订一次。

（2）加强创新平台建设，提升产业核心竞争力。进一步加大对自主创新公共平台的财政支持力度。进一步支持港口镇游戏游艺相关国家实验室分室的建设，加快游戏游艺产业研究院建设，同时，在相关产业重点领域，建设一批国家工程研究中心或分中心，特别是加强企业国家重点实验室建设。

（3）加强公共服务平台建设，服务自主创新和产业发展。加快建设国家游戏游艺产品检测中心，以及软件开发与测试、企业信息协作、大型仪器共享、项目投资等公共技术服务和信息情报平台，为企业的自主创新、产品开发，以及为科研院所、企业和投融资机构之间的交流合作，提供面向全社会的开放式服务；大胆改革，创新公共服务平台的体制机制。具体内容包括：

——科技信息平台。其主要功能在于提供科技文献、科技人才等资源的共享和科技情报的咨询。整合集成港口镇各类离散的科学数据资源，并综合利用国内外科学数据资源，建设对接园区主导产业的特色主体数据库，为各类科研机构和人员提供系统、全面、便捷的科学数据服务。

——公共测试平台。其主要功能在于推进各类大型科学仪器和设备、试验设施、先进加工装备的开放共用，减少仪器设备的重复购买和闲置。有重点地扶持和鼓励企业建设主导产业开放性研发基地，为业内企业提供全方位的服务。

——公共研发平台。其主要功能在于对社会开放、资源共享，及时把技术研究成果转化为生产力，实现科技企业优势互补，促进产业的技术创新和集群发展。要引导、扶持现有的企业工程中心或企业技术中心构建行业公共研发平台，对能为社会共享的研发中心予以重点资金扶持。把产业扶持资金、技术改造资金重点向公共技术平台倾斜，着力支持培育特色主导产业建设公共研发机构。

——科技创业孵化平台。其主要功能在于扶持中小科技企业成长，促进科技成果的产业化，为科技人才创业提供初期保障。港口镇可以建设用于创业孵化的厂房及办公场所，并以此为依托，完善其孵化功能，为入驻的中小科技企业提供包括政策、管理、金融、人力资源、开办场地以及专业化支撑等在内的综合性企业孵化服务，并积极鼓励其他社会力量建设科技孵化器。在提供孵化服务方面，重点放在技术产权交易上，加快技术成果向主导产业应用转化。

——技术交易平台。这是一个集知识储存、转移和利用为一体的综合性交易平台。首先，该平台具有原始数据收集功能，镇内各企业可以在注册后推介其知识信息，提供相应的在线阅读或资料下载服务。其次，该平台具有网络交易功能，即所推介的知识一般都标注相应的价格，知识需求企业选择所需知识，按标价付费。同时，交易双方还需要另付手续费，以维持平台的日常管理运营。最后，该平台具有公共服务功能，即权威机构作为平台维护方，可以将相关信息整理形成清晰的知识地图，为技术交易提供有力支持。权威机构所整理的知识信息既包括各企业所提供的相关内容，也包括由权威机构通过介入各种技术交易活动所整理分析的相关发言及演示材料等。并且，该平台可以通过建立申报制度，要求或鼓励共享合作各方及时向管理方不同程度地申报技术信息，这也可以作为评价企业对港口镇发展贡献的依据之一。

11.6 实施人才工程，打造人才高地

在港口镇经济发展过程中，需要明确人才服务平台构筑的方向、目标，并采取合理的策略，分步骤、分阶段地展开。以满足港口镇与企业人才需求为突破口和切入点，逐步实现人才的集聚、调配和转化，将无形的智力资源有针对性、有

效率并且有效果地转化为社会生产力，借鉴其他人才服务平台的建设经验，结合港口镇实际，在相应原则与思路的指导下，拟构建"三大集聚、五大突破、七大平台"的综合性人才公共服务平台。

（1）原则与思路。

1）创新人才开发机制。采用"政府主导、NGO（非政府组织）运作"的创新模式，通过三个集聚，构建覆盖整个区域重点企业的人才交流服务基地，形成政产学研一体化的、灵活创新的工作机制。

2）突出需求导向性。各项扶持政策、资金补助应该以企业的切实需求为基础，在企业最关心的人才项目上发挥作用。通过畅通的沟通渠道，及时准确地了解企业对于特定人才的需求信息，针对性地开展工作，提高政府资金使用效率，使各项政策产生预期效果。

3）保持前瞻性。通过政策导向、资金扶持、建立标准等方法，在解决当下人才问题的基础上，明确人才引进和培养的方向，为整个产业发展方向储备人才，从而保障当市场有需求时，这些储备的高端人才能为企业所用，支持企业可以跟随甚至引领国际市场的发展。

4）强调综合性。以促进港口镇产业和社会发展等为核心，做好人才整体规划，整合各方资源，搭建公共服务平台，推行一站式综合服务。采用多种方式了解、吸引、培育并用好人才，切实发挥人才效用。

（2）三大集聚。

1）政府政策资源集聚。依据国家及地方人才发展战略要求，充分利用相关政策，有效集聚当前已有的人才培养、孵化政策，使之集中服务于港口镇。同时，为港口镇游戏游艺产业发展量身打造人才服务政策，让创新人才模式更好地为港口镇发展服务。

2）企业需求和实践资源集聚。组建企业 HR 俱乐部，了解企业人才需求的现状及未来发展趋势，从而整合企业人才需求。平台统筹游戏游艺产业对人才的特定需求，与高校合作，创立满足小镇产业需要的双导师（高校、企业）教学模式，利用企业实践资源，培育匹配实际需要的人才，也进一步吸引优质企业入驻。

3）高校教育资源集聚。从长期发展考虑，围绕港口镇产业高质量发展要求，以多样化的、灵活的方式集聚高校教育资源，一方面，推进跨区域的教育资源调配，另一方面，开展与高校的专业共建工作，从而有效解决主要产业教育资源相对匮乏的问题。

（3）五大突破。

围绕"服务发展、人才优先、以用为本、创新机制、高端引领、整体开发"的人才发展方针，从五个方面在人才观上进行突破：

1）资金引才。通过财政政策支持，围绕港口镇重点产业面向全球延揽高层次人才，对引进的每个人才或团队给予资金支持，激发人才创新创业的热情。

2）领军聚才。通过推荐选拔领军人才，组织和建设人才队伍，不断提升其学术技术能力，积极带领团队承担重大项目、重点工程，带动港口镇产业发展。

3）因岗选才。先"按需设岗"，再"因岗选才"。依托港口镇产业发展规划，锁定港口镇重点产业、重点项目急需紧缺关键人才。

4）创业留才。通过科技成果转化股权激励，积极推动人才以技术、管理入股企业，允许人力资本登记注册企业。

5）补贴育才。强化人才培养，通过落实各级人才待遇，促进员工整体能力水平提升，打造港口镇成为具有重要影响力的游戏游艺产业人才培养基地。

（4）七大平台。

1）人才引进平台。利用各种渠道为港口镇引进人才，如每年组织企业到各共建高校进行联合招聘等。此外，整合企业的科研需求，以发布项目的形式吸引高端研究人员提供智力协助。对在重点项目和产品研发上需外国专家帮助的，相关部门通过柔性流动的办法，积极为其提供智力支持。

2）人才孵化平台。为优秀学生、拟用人才等提供3到6个月的住宿及餐饮服务，以此减轻人才工作初期的生活负担。孵化期间，港口镇通过举办各种活动，为人才提供与同行前辈交流的机会，扩宽其人脉和视野，协助其完成职业化转变。

3）在职教育平台。一方面为企业员工提供在职教育服务，满足企业在职人员短期培训的需求；另一方面提供在职学历学位教育，满足在职员工自身成长要求和技能提升要求，从而协助企业实现自身员工整体素质的提升，在发展本土化人才、增强人才的忠诚度等方面发挥重要作用。

4）资格认证平台。通过引进权威认证机构入驻小镇，实现人才对自身专业能力的评估，引导员工提升专业能力和素养水平，并为入驻企业学员提供更多的认证选择，打开更为便捷的职业通道。

5）高端人才培养平台。实施"产学研联合人才培养计划"，集中港口镇各类科研机构为企业培养高端人才；按照"重大项目+人才培养"的模式，在港口镇重大科技创新或产业化项目中提出人才培养要求。

6）留学生归国平台。重点吸引在海外知名大学或科研机构学成回国、在国际知名公司任职后回国创业、在国外成功创业后回国发展的相关人才，通过资金、项目等多种形式，为引进这些人才的企业提供支持。逐步建立、健全园区人才中介服务体系，通过市场化和国际化运作，引进港口镇经济发展所需人才。

7）创业企业家培养平台。建立企业家长期、稳定和有效的沟通机制，加强企业家之间、企业家与科学家之间、企业家与金融机构之间的沟通与合作。定期组织企业家赴国内外先进地区考察，学习国内外优秀企业的先进经验。

11.7 打造投融资体系，丰富投融资手段

建立有利于创新的多元化投融资渠道，打造独具特色的投融资服务平台，支持港口镇在基础设施建设、产业环节开发等方面的持续发展。

（1）基础设施项目融资。

——滚动开发。港口镇的基础设施开发资金一般应由政府财政支持或通过土地出让获得，实行以土地开发、批租为主的"滚动空转开发"模式，即政府注入土地、开发公司以土地使用权的形式向银行贷款获取开发资金，然后再批租土地，引进项目。以财政资金的逐年投入和回收来保证土地开发的滚动进行，实现"开发一片，收益一片，以收益养开发"的滚动开发模式。

——商业银行贷款。在倡导"双赢"的前提下积极利用银行资本，在操作方式上采取资产抵押、股权质押、综合担保、政策扶持等措施获取银行综合授信额度和专项资金贷款，为港口镇建设提供资金保证。

——融资划片开发①。采用"大胆利用外资，以抓大项目、大财团为重点，全方位融资开发"的新思路，在继续坚持以自身开发为主的基础上，推出"融资划片开发"策略，实现市场经济条件下土地开发与招商的有机结合。

——股权经营。在借鉴"土地空转"经营方式的基础上，探索土地资产的股权化、证券化，将土地资本与金融资本相结合、国内市场与国外市场相结合、房产开发资源与高科技投资资源相结合，将港口镇的地产、房产和项目转变为流通性资本，以及具有市场价值提升功能的高科技项目股权。被投资企业的盈利形成港口镇的收入来源，并通过企业股权转让或上市实现投资变现。

——项目融资。由于项目融资具有项目导向、有限追索等方面的特点，因而可以为港口镇的大型建设项目提供金额巨大、形式灵活多样的融资，满足港口镇在资金安排方面的特殊需要。项目融资在不增加财政负担的前提下，可以有效地吸引资金，促进基础设施和大型工业项目的发展，为国际经济技术合作和国际资本流动开辟新的渠道。

（2）港口镇项目融资平台。

——成立中小企业信用担保有限责任公司。以此为镇内高技术企业提供短期流动资金贷款担保，以及技术改造贷款、项目建设贷款等贷款业务的担保。通过担保服务，不断优化港口镇投融资环境。

——吸引国内外创业资本。成立专门组织，联合国内外投资银行、非银行金融机构、证券金融机构以及大型企业组织，设立中小企业产业发展基金、创业投资基金，并寻求与金融部门的广泛合作。并且，通过政府科技引导性计划，为公司成功融资搭建平台。

——资金信托业务。资金信托是为高速发展的企业提供除银行贷款、上市之外的又一种融资途径。目前由于中国信用体系不健全，企业通过自身的信用融资成本很高，而通过信托的形式，可以降低债券持有人的风险，有利于公司债券的发行。

——建立融资服务体系。以创业板市场为主体，建立科技成果产业化直接融资服务体系，促进科技企业通过直接融资而迅速发展。通过成立专门的咨询服务

---

① 所谓融资划片开发，就是通过吸引国外一个或几个大财团的资金，采取外商独资、合资或合作等方式，独立承担某一区域规划、开发、招商等一系列开发性经营活动。

机构，帮助镇内高技术企业完善自身条件，争取到主板或科创板市场直接融资。同时，密切关注证券监管部门的政策动向等，加强与上市保荐人的联系，为企业上市做好准备。此外，支持企业发行企业债券，并帮助高技术中小企业争取"国家科技型中小企业创新基金"等，促进其科技成果的产业化。

11.8 营建沟通机制，密切信息交流

港口镇可通过打造论坛交流服务平台，一方面促进技术、人才、管理信息的交流和提升；另一方面，增强小镇在国内外的影响力和美誉度。此外，港口镇可引入行业协会或其分会，借此对论坛交流服务平台形成支撑。

（1）港口镇对外交流平台。包括每年定期或不定期举办的各种与游戏游艺相关的产品会议、宏观形势分析会议、核心技术研讨会议、专业学术研讨会议以及行业高峰会议等。

——产品会议。产品会议可不定期举行，由龙头企业发起，行业协会或其分会召集相关企业聚集港口镇，就产品质量问题、技术标准、发展趋势等进行交流与沟通。

——宏观形势分析会议。宏观形势分析会议可于年初定期举行，一年一次，邀请国家相关部委领导、行业专家、知名大学宏观经济领域教授和游戏游艺企业高管等参加，对一年的游戏游艺行业宏观形势进行观点交流与碰撞。

——核心技术研讨会议。可针对行业核心技术研发的最新进展不定期召开，主要由长期从事游戏游艺研究的知名大学研究员和企业核心技术人员参与，就某些技术或模式的动态进行及时交流与探讨。

——专业学术研讨会议。专业学术研讨会议可定期举行，一年两次，可邀请行业知名专家和知名大学教授就行业的发展展开开放式研讨，该会议可主要以论坛的模式展开，目的是提升港口镇的影响力，打造小镇品牌。

——行业高峰会议。行业高峰会议可于年末定期举行，一年一次，主要由游戏游艺行业世界知名企业的 CEO 等参与，大家互动交流，对一年来行业发展进行总结，对自身经验、教训进行分享。

（2）港口镇内部交流平台。在镇内常设互动沟通平台，通过该平台，企业相互间有效传递信息，并将其服务需求有效传递给管理部门，进而增进相互理解，增强工作配合度，降低内部交易成本，提升小镇整体运行效率。

——企业家沙龙。通过建立小镇领导与企业负责人之间交流和沟通的平台，为小镇发展献计献策，使企业具有归属感。同时，及时了解企业的服务需求，帮助企业解决生产营运过程中遇到的问题。

——研发人员俱乐部。研发人员能在俱乐部内相互交流与碰撞，提升创新思维，探讨新技术和新产品发展趋势，形成独特的区域创新文化，推动小镇研发能力向纵深发展。

11.9 创建贸易服务平台，促进产品交易

贸易服务平台能帮助小镇企业有效实现经济收益，推动小镇以更快的速度发展。此外，平台的创新交易机制可以提升附加价值，有助于进一步提高小镇的经济效益和社会影响力。港口镇通过引入各种创新交易模式，形成以产品交易、定制化交易、会展交易等为主体的贸易服务平台，打造强辐射的特色小镇。

（1）产品交易平台。

通过信息网络平台、实体交易服务中心、专业交易配套服务、国际合作等运作方式，提供技术供需双方进行交易的洽谈空间，以及伴随技术交易衍生的周边专业服务。

——网络平台。网络平台是交易市场发展的有效手段，该平台应包括广泛的产品供给和需求来源。

——实体交易服务中心。提供咨询服务或商谈会、展览会等多元化的交易活动，以协助进行交易配对服务。

——专业配套服务。包括中介、产业分析、市场调查、知识财产评估、律师、会计师等专门的配套服务。

——国际技术交易接轨。可以考虑在国外设立相关机构或是与国际其他机构进行战略性交流合作，加强与国际技术交易接轨的相关活动。

（2）定制化交易。

通过建立信息化互动沟通机制，加强港口镇内的企业与镇外产品或服务需求方之间的联系，建设相应的 B2B 交易模式，进行游戏游艺相关产品和服务的定制化交易。

B2B 是企业与企业之间通过互联网进行产品、服务及信息的交换。企业之间可以通过网络在市场、产品或经营等方面建立互补互惠的合作，形成水平或垂直形式的业务整合，以更大的规模、更强的实力、更经济的运作实现全球运筹管理的模式。目前 B2B 主要包括以下两种模式：

——面向制造业或面向商业的垂直 B2B。生产商或商业零售商可以与上游的供应商之间的形成供货关系。生产商与下游的经销商可以形成销货关系。

——面向中间交易市场的 B2B。这种交易模式是水平 B2B，它是将各个行业中相近的交易过程集中到一个场所，为企业的采购方和供应方提供交易机会。

（3）会展式交易。

港口镇可定期展开会展式交易，一方面可通过会展平台使得企业及其产品更多地被市场关注并增加销售机会，另一方面可通过会展平台打造游戏游艺小镇的特色文化。此外，还可借此提升港口镇在业内的影响力，打造形成品牌。

11.10 做好知识产权服务，促进企业创新

以"小镇主导、企业参与、市场运作"为指导思想，以"资源集聚"为原则，采用"平台整合"的运行模式，实现知识产权服务的基本功能，并在平台建设过程中，加强知识产权保护意识，提高知识产权服务机构的专业水平，带动整个知识产权服务链的提升和发展，起到资源聚合和能级提升的作用。知识产权服务平台的建设具体从两个层面展开，即知识产权信息服务分平台建设和知识产权信息应用分平台建设。

（1）知识产权信息服务分平台建设。

该平台由五个子平台组成，面向全球游戏游艺行业相关的科研机构、企业、高校、中介服务机构等服务对象，提供知识产权信息查询服务。

1）专利信息服务子平台。[①] 当前，港口镇应当不断扩充游戏游艺行业相关的各类信息资源，主要包括技术信息、法律信息、经济信息、著录信息、战略信息等，以完善专利信息服务子平台的功能。

2）科技文献信息服务子平台。通过购买或交换数据的形式，将游戏游艺行业相关的科技成果、国内外专业期刊论文、各类数据资料等文献信息整合到该子平台上，提供专业文献服务。

3）标准信息服务子平台。提供游戏游艺行业相关产品的国际标准、国家标准、行业标准、地方标准、企业标准等标准信息服务。

4）知识产权专家库子平台。集聚知识产权管理、保护、信息运用等领域的各类知识产权专家。

5）知识产权相关法律子平台。将与知识产权相关的所有法律、法规整合在该子平台，方便服务企业查询。

（2）知识产权信息应用分平台建设。

知识产权信息应用分平台由6个子平台组成，能够为港口镇游戏游艺产业相关企业解决不同的知识产权问题。

1）知识产权技术交易展示子平台。该子平台主要为专利技术供需各方提供技术及产品咨询、展示、交易、技术合同登记及其他相应的一系列相关服务。

2）知识产权法律援助子平台。该子平台提供服务机构的信息，包括代理机构、律师事务所、知识产权社会团体及其服务内容的信息数据库；通过整合知识产权服务资源和服务人才，向全社会提供包括网上咨询、行政执法、司法诉讼等方面的服务。

3）知识产权战略研究子平台。该子平台通过利用知识产权信息服务分平台的信息资源，整合全国各类知识产权战略研究专家及游戏游艺行业的专家，提供知识产权统计、分析、战略研究服务。

4）知识产权资产评估子平台。该子平台提供关于知识产权资产评估方法、资产评估指标、资产评估数据库信息等各类信息，并由有资质的中介服务机构提供咨询、资产评估服务。

---

① 专利信息是指以专利文献作为主要内容或以专利文献为依据，经分解、加工、标引、统计、分析、整合和转化等信息化手段处理，并通过各种信息化方式传播而形成的与专利有关的各种信息的总称。

5）知识产权司法鉴定子平台。该子平台提供网上咨询、受理知识产权司法鉴定委托等服务。

6）知识产权培训子平台。该子平台主要提供知识产权基础知识、专利基础知识、专利信息检索和分析、专利申请文件撰写、科技创新等方面的培训，包括集中培训和网上培训两种方式。通过该子平台，开展知识产权信息网络教育培训，以推动知识产权知识的普及和人才的培养。

11.11 丰富品牌内涵，提升品牌形象

从市场营销的视角看，小镇品牌建设的本质就是在政府主导下进行营销，营造良好的投资环境，以增强招商引资实效。品牌效应不仅体现在产品和服务中，更重要的是体现在整个小镇品牌的建设中。

（1）政府、企业共同努力，以多种渠道推介小镇品牌。

进行小镇品牌建设，实现可持续发展，必须增强小镇的差异性优势，以名牌兴业，以品牌立镇。

——实施名牌带动战略，以企业品牌带动小镇品牌。小镇品牌的强弱体现在产业规模竞争力的强弱上，而后者则表现为龙头企业群的大小和强弱。在小镇企业集群的内部，支持强势企业把各种生产要素重新进行整合，形成以龙头企业为主导的稳定的主导产业和具有上中下游结构特征的产业链，产生较好的产业支撑与配套条件，从而提高整个小镇内企业群的高附值产出和竞争力。为此，必须吸引和培育国内外著名企业，借助其品牌、网络、技术等优势拓展市场，求得新突破。同时，采取"扶大扶强"战略，通过组建企业集团、打造支柱产业、培育名牌产品，形成港口镇的强势品牌。

——加强品牌报道，提升品牌知名度。综合利用报纸、电视、网络、电台、杂志、融媒体等各自的优势，在更加广泛的范围内，通过行业网站、专栏报道、人物访谈等丰富灵活的形式，对港口镇内的企业行为与绩效、产业集群效应、国内外机构间合作情况，以及小镇层面的各种活动进行宣传、展示和推广，快速提升港口镇产业品牌的知名度。

——发展会展经济，扩大品牌影响力。通过游戏游艺产业相关会展，为参展企业搭建展览交易平台，通过产品展示、信息交流、发布、推广等多种功能，一方面为企业提供产品展销场所，吸引各地客商前来洽谈，更新企业的经营观念，提高管理、营销水平，促进相互合作；另一方面，借助会展场所组织的各种活动来宣传、推广小镇品牌，提高品牌知名度，在游戏游艺产业方面扩大影响力。

——创新品牌推介方式，丰富品牌推介体系。随着各地招商引资工作竞争日趋激烈，原有的关系招商、人情招商等方式已经不能完全适应形势发展的需要，港口镇应积极创新品牌推介方式。实践证明，活动推介、关系推介、人员推介、中介机构推介、网站推介、传统媒体推介、以商引商、吸引领军人物入驻等方式都是有效的手段，港口镇可根据实际情况，进行品牌推介方式的组合与创新。

港口镇产业主体结构如图 11-2 所示。

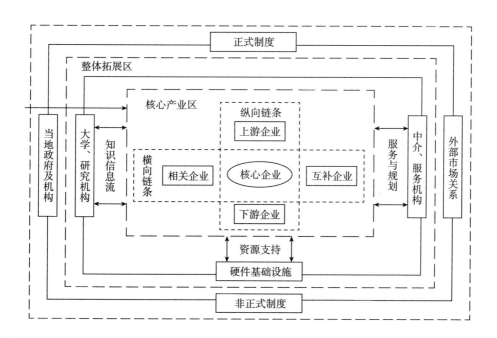

图 11-2　港口镇产业主体结构

（2）完善商业环境，以特色服务创造小镇品牌。

政府要在公共要素投入、公共服务平台建设方面发挥培育和引导作用。要完善品牌建设中的产业服务平台和配套体系，逐步运用市场化的方式推进服务平台的完善和发展，引导民间资本参与公共要素投入，努力构建功能完善的商业环境。

——打造技术创新平台。通过对港口镇企业关键性技术与共性技术的政策支持、技术支援与财政扶持，构建有效的科技创新平台，形成良好的区域创新体系，提高镇内企业的科技创新能力，促进产业集聚的发展。并且，建立科技创新与产业集聚互动发展的有效机制，实现经济与科技的良性互动。

——发展流通体系。物流是镇内企业发展不可缺少的重要部分，要以产业集聚为依托，在小镇大力发展现代物流业，并重视各类专业市场的建设。

——建立灵活的投融资体制。政府应积极推进中小企业信用与担保体系建设，建立和完善中小企业信用评价体系，鼓励民营企业发展各类担保机构，规范操作办法，完善法规体系，扩大投融资渠道，加大对镇区企业的资金扶持力度，以利于小镇企业的发展。

——建设创业服务体系。依托港口镇开展创业孵化、创业扶持，使其成为不断产生新企业的"工厂"，提高创业成功率，从根本上解决增加就业岗位、促进经济增长的问题。

——建设培训体系。支持、帮助建立各种教育培训机构，大力开展职业技术教育，为小镇企业形成高素质的劳动力队伍创造条件；帮助企业解决人才缺乏问题，为企业在留住管理人才、技术人才和熟练工人方面提供指导和服务。

——引导企业信息化建设。政府应顺应市场经济和大数据发展的要求，制定鼓励相关行业发展的政策法规，引导企业通过信息化建设改善业务流程、健全管理机制、开展线上线下营销，为企业积累和发挥优势创造条件，增强信息化在地区品牌建设中的溢出效应。

国家发展改革委办公厅关于建立
特色小镇和特色小城镇高质量
发展机制的通知

发改办规划〔2018〕1041 号

各省、自治区、直辖市及计划单列市、新疆生产建设兵团发展改革委，住房城乡建设部、国家体育总局、国家开发银行、中国农业发展银行、中国光大银行办公厅（室）：

特色小镇和特色小城镇是新型城镇化与乡村振兴的重要结合点，也是促进经济高质量发展的重要平台。党中央、国务院高度重视，国家发展改革委等部门先后印发实施《关于加快美丽特色小（城）镇建设的指导意见》《关于规范推进特色小镇和特色小城镇建设的若干意见》，引导特色小镇和特色小城镇发展取得一定成效，概念不清、盲目发展及房地产化苗头得到一定纠正。为进一步对标对表党的十九大精神，巩固纠偏成果、有力有序有效推动高质量发展，现通知如下。

一、总体要求

（一）指导思想

全面贯彻党的十九大精神，以习近平新时代中国特色社会主义思想为指导，坚持以人民为中心，坚持稳中求进工作总基调，坚持新发展理念，坚持使市场在资源配置中起决定性作用和更好发挥政府作用，以引导特色产业发展为核心，以严格遵循发展规律、严控房地产化倾向、严防政府债务风险为底线，以建立规范纠偏机制、典型引路机制、服务支撑机制为重点，加快建立特色小镇和特色小城镇高质量发展机制，释放城乡融合发展和内需增长新空间，促进经济高质量发展。

（二）基本原则

——坚持遵循规律。立足各地区发展阶段，遵循经济规律和城镇化规律，实事求是、因地制宜、量力而行，使特色小镇和特色小城镇建设成为市场主导、自然发展的过程。

——坚持产业立镇。立足各地区比较优势，全面优化营商环境，引导企业扩大有效投资，发展特色小镇投资运营商，打造宜业宜居宜游的特色小镇和特色小城镇，培育供给侧小镇经济。

——坚持规范发展。统筹规范特色小镇和特色小城镇创建工作，把握内涵、纠正偏差、正本清源，坚决淘汰一批缺乏产业前景、变形走样异化的小镇和小城镇。

——坚持典型引路。逐步挖掘特色小镇和特色小城镇典型案例，总结提炼、树立标杆、推广经验、正面引导，以少带多引领面上高质量发展，确保沿正确轨道健康前行。

——坚持优化服务。明确政府角色定位，顺势而为、因势利导，重在理念引导、规划制定、平台搭建和政策创新，使特色小镇和特色小城镇建设成为政府引导、高质量发展的过程。

二、建立规范纠偏机制

以正确把握、合理布局、防范变形走样为导向，统筹调整优化有关部门和省级现有创建机制，强化年度监测评估和动态调整，确保数量服从于质量。

（三）规范省级创建机制

各地区要依据特色小镇与特色小城镇本质内涵的差异性，调整并分列现有省级特色小镇和特色小城镇创建名单，分类明确功能定位和发展模式；在创建名单中，逐年淘汰住宅用地占比过高、有房地产化倾向的不实小镇，政府综合债务率超过100%市县通过国有融资平台公司变相举债建设的风险小镇，以及特色不鲜明、产镇不融合、破坏生态环境的问题小镇；对创建名单外的小镇和小城镇，加强监督检查整改。省级发展改革委于每年12月，将调整淘汰后的省级特色小镇和特色小城镇创建名单、数据，报送国家发展改革委。

（四）优化部门创建机制

发挥推进新型城镇化工作部际联席会议机制作用，国家发展改革委会同国务院有关部门优化现有创建机制，统一实行有进有退的创建达标制，避免一次性命名制，防止各地区只管前期申报、不管后期发展与纠偏。有关部门按照《关于规范推进特色小镇和特色小城镇建设的若干意见》要求，在已公布的 96 个全国运动休闲特色小镇、两批 403 个全国特色小城镇创建名单中，持续开展评估督导和优胜劣汰，适时公布整改名单，有关情况及时送国家发展改革委。对创建名单外的小镇和小城镇加强监测，视情况动态公布警示名单。

三、建立典型引路机制

以正面引领高质量发展为导向，持续挖掘典型案例、总结有益经验、树立示范性标杆，引导处于发展过程中的小镇和小城镇对标典型、学习先进。

（五）建立典型经验推广机制

逐年组织各地区挖掘并推荐模式先进、成效突出、经验普适的特色小镇和特色小城镇，按少而精原则从中分批选择典型案例，总结提炼特色产业发展、产镇人文融合和机制政策创新等典型经验，以有效方式在全国范围推广，发挥引领示范带动作用。2018 年 9 月底前，省级发展改革委将第一批特色小镇推荐案例（2个以内），报送国家发展改革委。

（六）明确典型特色小镇条件

基本条件是：立足一定资源禀赋或产业基础，区别于行政建制镇和产业园区，利用 3 平方公里左右国土空间（其中建设用地 1 平方公里左右），在差异定位和领域细分中构建小镇大产业，集聚高端要素和特色产业，兼具特色文化、特色生态和特色建筑等鲜明魅力，打造高效创业圈、宜居生活圈、繁荣商业圈、美丽生态圈，形成产业特而强、功能聚而合、形态小而美、机制新而活的创新创业平台。

（七）明确典型特色小城镇条件

基本条件是：立足工业化城镇化发展阶段和发展潜力，打造特色鲜明的产业形态、便捷完善的设施服务、和谐宜居的美丽环境、底蕴深厚的传统文化、精简高效的体制机制，实现特色支柱产业在镇域经济中占主体地位、在国内国际市场占一定份额，拥有一批知名品牌和企业，镇区常住人口达到一定规模，带动乡村振兴能力较强，形成具有核心竞争力的行政建制镇排头兵和经济发达镇升级版。

（八）探索差异化多样化经验

鼓励各地区挖掘多种类型小镇案例，避免模式雷同、难以推广。立足不同产业门类，挖掘先进制造类、农业田园类及信息、科创、金融、教育、商贸、文旅、体育等现代服务类案例。立足不同地理区位，挖掘"市郊镇""市中镇""园中镇""镇中镇"等特色小镇案例，以及卫星型、专业型等特色小城镇案例。立足不同运行模式，挖掘在机制政策创新、政企合作、投融资模式等方面的先进经验。

四、建立服务支撑机制

以政府引导、企业主体、市场化运作为导向，稳步推动符合规律、富有潜力的特色小镇和特色小城镇高质量发展，为产生更多先进典型提供制度土壤。

（九）鼓励地方机制政策创新

鼓励全面优化营商环境，加强指导、优化服务、开放资源。创新财政资金支持方式，由事前补贴转为事中事后弹性奖补。优化供地用地模式，合理安排建设用地指标，依法依规组织配置农业用地和生态用地，鼓励点状供地、混合供地和建筑复合利用。合理配套公用设施，切实完善小镇功能、降低交易成本。推行特色小镇项目综合体立项，允许子项目灵活布局。鼓励商业模式先进、经营业绩优异、资产负债率合理的企业牵头打造特色小镇，培育特色小镇投资运营商。

（十）搭建政银对接服务平台

引导金融机构逐年为符合高质量发展要求的特色小镇和特色小城镇，在债务风险可控前提下提供长周期低成本融资服务，支持产业发展及基础设施、公共服务设施、智慧化设施等建设。2018年12月底前，省级发展改革委组织收集特色小镇信息，汇总印送省级开发银行、农业发展银行和光大银行，并会同省行将完成尽调小镇信息报送总行，抄送国家发展改革委。各总行开辟绿色通道，2019年1月底前完成评审和融资服务，将批复投放情况报送国家发展改革委。

五、组织保障

（十一）强化上下联动

依托推进新型城镇化工作部际联席会议机制，国家发展改革委强化统筹协调和跟踪督导，建立数据共享平台；各有关部门统一行动、合理参与、把握节奏、精益求精。省级发展改革委要增强责任意识，会同有关部门以钉钉子精神抓好落实。

（十二）加强宣传引导

逐年组织现场经验交流会，指导有关方面开展培训和论坛，引导社会各界学习典型、防范风险。发挥主流媒体舆论导向作用，持续报道建设进展，宣传好案例好经验，形成良好舆论氛围。

附录 2

文化部"一带一路"文化发展
行动计划（2016—2020 年）

文外发〔2016〕40 号

　　为深入贯彻十八大和十八届三中、四中、五中、六中全会精神，深入贯彻习近平总书记系列重要讲话精神，落实经国务院授权，由国家发展改革委、外交部、商务部联合发布的《推动共建丝绸之路经济带和 21 世纪海上丝绸之路的愿景与行动》（以下简称《愿景与行动》），加强与"一带一路"沿线国家和地区的文明互鉴与民心相通，切实推动文化交流、文化传播、文化贸易创新发展，特制定本行动计划。

一、指导思想与基本原则

（一）指导思想

　　高举中国特色社会主义伟大旗帜，以邓小平理论、"三个代表"重要思想和科学发展观为指导，深入贯彻落实习近平总书记系列重要讲话精神，坚持社会主义先进文化前进方向，认真贯彻落实《愿景与行动》的整体部署，助推"一带一路"沿线国家和地区积极参与文化交流与合作，传承丝路精神，促进文明互鉴，实现亲诚惠容、民心相通，推动中华文化"走出去"，扩大中华文化的国际影响力，为实现《愿景与行动》总体目标和全面推进"一带一路"建设，夯实民意基础。

（二）基本原则

　　政府主导，开放包容。坚持文化对外开放战略布局，发挥政府引领统筹作用,加强与"一带一路"沿线国家和地区政府间文化交流,着力建立长效合作机制,充分发挥国内各省区市优势,鼓励社会力量积极参与、共同建设。

交融互鉴,创新发展。秉承和而不同、互鉴互惠的理念,尊重"一带一路"沿线国家和地区人民的精神创造和文化传统,以创新为动力,充分运用互联网思维和新科技手段,推动"一带一路"多元文化深度融合。

市场引导,互利共赢。兼顾各方利益和关切,遵循国际规则和市场规律,充分发挥市场在资源配置中的重要作用,调动各方积极性,将文化与外交、经贸密切结合,形成文化交流、文化传播、文化贸易协调发展态势,实现互利共赢。

二、发展目标

准确把握"一带一路"倡议精神,全方位提升我国文化领域开放水平,秉承立足周边、辐射"一带一路"、面向全球的合作理念,构建文化交融的命运共同体。着力实现以下目标:

——文化交流合作机制逐步完善。与"一带一路"沿线国家和地区政府、民间文化交流合作机制进一步健全,部际、部省等工作机制进一步完善。形成政府统筹、社会参与、市场运作的整体发展机制和跨地区、跨部门、跨行业的文化交流合作协调发展态势。

——文化交流合作平台基本形成。加快在"一带一路"沿线国家和地区设立中国文化中心,形成布局合理、功能完备的设施网络。以"一带一路"为主题的各类艺术节、博览会、交易会、论坛、公共信息服务等平台建设逐步实现规范化和常态化。

——文化交流合作品牌效应充分显现。打造文化交流合作知名品牌,继续扩大"欢乐春节"品牌在沿线国家的影响,充分发挥"丝绸之路文化之旅"、"丝绸之路文化使者"等重大文化交流品牌活动的载体作用。

——文化产业及对外文化贸易渐成规模。面向"一带一路"国际文化市场的文化产业发展格局初步形成,文化企业规模不断壮大,文化贸易渠道持续拓展,服务体系建设初见成效。

三、重点任务

（一）健全"一带一路"文化交流合作机制

积极与"一带一路"沿线国家和地区签署政府间文件，深化人文合作委员会、文化联委会等合作机制，为"一带一路"文化发展提供有效保障。加强上海合作组织成员国文化部长会晤、中国—中东欧国家文化部长会议、中阿文化部长论坛、中国与东盟"10+1"文化部长会议等高级别文化磋商。推动与沿线国家和地区建立非物质文化遗产交流与合作机制。与沿线国家和地区建立文化遗产保护和世界遗产申报等方面的长效合作机制。支持国家艺术基金与沿线国家和地区的同类机构建立合作机制。

完善部省合作机制，鼓励各省区市在文化交流、遗产保护、文艺创作、文化旅游等领域开展区域性合作。发挥海外侨胞以及港澳台地区的独特优势，积极搭建港澳台与"一带一路"沿线国家和地区文化交流平台。充分考虑和包含以妈祖文化为代表的海洋文化，构建21世纪海上丝绸之路文化纽带。引导和扶持社会力量参与"一带一路"文化交流与合作。

专栏1 "一带一路"文化交流合作机制建设

1. "一带一路"国际交流机制建设计划

积极贯彻落实我国与"一带一路"沿线国家和地区签订的文化合作（含文化遗产保护）协定、年度执行计划、谅解备忘录等政府间文件，加强我国与"一带一路"沿线国家和地区文化交流与合作机制化发展，推动成立"丝绸之路国际剧院联盟""丝绸之路国际图书馆联盟""丝绸之路国际博物馆联盟""丝绸之路国际美术馆联盟""丝绸之路国际艺术节联盟""丝绸之路国际艺术院校联盟"等，与"一带一路"沿线地区组织和重点国家逐步建立城际文化交流合作机制。

2. "一带一路"国内合作机制建设计划

建立"一带一路"部省对口合作机制，共同研究制定中长期合作规划，在项目审批、资金、人才、技术等方面予以支持，建立对口项目合作机制和目标任务考核机制，研究提出绩效评估办法。

（二）完善"一带一路"文化交流合作平台

优先推动"一带一路"沿线国家和地区的中国文化中心建设，完善沿线国家和地区的中心布局。着力打造以"一带一路"为主题的国际艺术节、博览会、艺术公园等国际交流合作平台。鼓励和支持各类综合性国际论坛、交易会等设立"一带一路"文化交流板块。逐步建立"丝绸之路"文化数据库，打造公共数字文化支撑平台。

专栏 2 "一带一路"文化交流合作平台建设

1. "一带一路"沿线国家中国文化中心建设计划

落实《海外中国文化中心发展规划（2012—2020 年）》，优先在缅甸、马来西亚、印度尼西亚、越南、匈牙利、罗马尼亚、保加利亚、哈萨克斯坦、白俄罗斯、塞尔维亚、拉脱维亚、土库曼斯坦、以色列等"一带一路"沿线国家设立中国文化中心。

2. "一带一路"文化交流合作平台建设计划

将"中国新疆国际民族舞蹈节""丝绸之路国际艺术节""海上丝绸之路国际艺术节""丝绸之路（敦煌）国际文化博览会""厦门国际海洋周""中国海洋文化节"等活动打造成国际交流合作平台，建设"海上丝绸之路（泉州）艺术公园"和"中阿友谊雕塑园"等重点项目平台。

鼓励中国—亚欧博览会、中国—阿拉伯国家博览会、中国—东盟博览会、中国西部国际博览会、中国（深圳）国际文化产业博览交易会、中国西部文化产业博览会等综合性平台设立"一带一路"文化交流板块。

（三）打造"一带一路"文化交流品牌

在"一带一路"沿线国家和地区打造"欢乐春节"、"丝绸之路文化之旅"等重点交流品牌以及互办文化节（年、季、周、日）等活动，扩大文化交流规模。

与"一带一路"沿线国家和地区共同遴选"丝绸之路文化使者"，通过智库学者、汉学家、翻译家交流对话和青年人才培养，促进思想文化交流。推动中外文化经典作品互译和推广。

积极探索与"一带一路"沿线国家和地区开展同源共享的非物质文化遗产的联合保护、研究、人员培训、项目交流和联合申报。加大"一带一路"文化遗产保护力度，促进与沿线国家和地区在考古研究、文物修复、文物展览、人员培训、博物馆交流、世界遗产申报与管理等方面开展国际合作。鼓励地方和社会力量参与文化遗产领域的对外交流与合作。

繁荣"一带一路"主题文化艺术生产，倡导与沿线国家和地区的艺术人才和文化机构联合创作、共同推介，搭建展示平台，提升艺术人才的专业水准和综合素质，为丝路主题艺术创作储备人才资源。

专栏3 "一带一路"文化交流品牌建设

1. "丝绸之路文化之旅"计划

打造"丝绸之路文化之旅"品牌，到2020年，实现与"一带一路"沿线国家和地区文化交流规模达3万人次、1000家中外文化机构、200名专家和100项大型文化年（节、季、周、日）活动。联合沿线国家和地区共同开发"丝绸之路"文化旅游精品线路及相关文创产品。邀请"一带一路"沿线国家和地区知名艺术家来华举行"意会中国"采风创作活动，推动沿线国家的国家级艺术院团及代表性舞台艺术作品开展交流互访，形成品牌活动。

2. "丝绸之路文化使者"计划

开展与"一带一路"沿线国家和地区的智库交流与合作，举办青年汉学家、翻译家研修活动，邀请800名著名智库学者、汉学家、翻译家来华交流、研修。实施"一带一路"中国文化译介人才发展计划。与周边国家举办文化论坛。与沿线国家和地区合办代表国家水准和民族特色的优秀艺术家互访、文化艺术人才培训和青少年交流活动。培养150名国际青年文物修复和博物馆管理人才。

3. "一带一路"艺术创作扶持计划

支持与"一带一路"沿线国家和地区文化机构在戏剧、音乐、舞蹈、美术等领域开展联合创作，在国内"一带一路"沿线区域实施"中华优秀传统艺术传承发展计划"，通过国家艺术基金对"一带一路"主题艺术创作优秀项目予以支持。

4. "一带一路"文化遗产长廊建设计划

与"一带一路"沿线国家和地区共同实施考古合作、文物科技保护与修复、人员培训等项目，实施文物保护援助工程。举办以"丝绸之路文化遗产"为主题的研讨交流活动。推进海上丝绸之路申遗以及世界文化遗产"丝绸之路：长安—天山廊道的路网"扩展项目。

（四）推动"一带一路"文化产业繁荣发展

建立和完善文化产业国际合作机制，加快国内"丝绸之路文化产业带"建设。以文化旅游、演艺娱乐、工艺美术、创意设计、数字文化为重点领域，支持"一带一路"沿线地区根据地域特色和民族特点实施特色文化产业项目，加强与"一带一路"国家在文化资源数字化保护与开发中的合作，积极利用"一带一路"文化交流合作平台推介文化创意产品，推动动漫游戏产业面向"一带一路"国家发展。顺应"互联网+"发展趋势，推进互联网与文化产业融合发展，鼓励和引导社会资本投入"丝绸之路文化产业带"建设。持续推进藏羌彝文化产业走廊建设。

专栏 4 "一带一路"文化产业发展

1. "丝绸之路文化产业带"建设计划

鼓励国内"一带一路"沿线文化企业跨区域经营，实现文化旅游互为目的地和客源地，建设具有代表性的特色文化产品生产和销售基地。运用文化产业项目服务平台，加强对丝绸之路文化产业重点项目征集发布、宣传推介、融资洽谈、对接落地等全方位服务。将国内"一带一路"沿线区域符合条件的城市纳入扩大文化消费试点范围，逐步建立促进文化消费的长效机制。

2. 动漫游戏产业"一带一路"国际合作行动计划

发挥动漫游戏产业在文化产业国际合作中的先导作用，面向"一带一路"各国，聚焦重点，广泛开展。搭建交流合作平台、开展交流推广活动，促进互联互通，构建产业生态体系。发挥中国动漫游戏产业创新能力强、产业规模大的优势，培育重点企业，实施重点项目，开展国际产能合作，实现中国动漫游戏产业与沿线国家合作规模显著扩展、水平显著提升，为青少年民心相通发挥独特作用。

3. "一带一路"文博产业繁荣计划

推进"互联网+中华文明"及"文物带你看中国"项目，提高"一带一路"文化遗产与旅游、影视、出版、动漫、游戏、建筑、设计等产业结合度，促进文物资源、新技术和创意人才等产业要素的国际流通。

（五）促进"一带一路"文化贸易合作

围绕演艺、电影、电视、广播、音乐、动漫、游戏、游艺、数字文化、创意设计、文化科技装备、艺术品及授权产品等领域，开拓完善国际合作渠道。推广民族文化品牌，鼓励文化企业在"一带一路"沿线国家和地区投资。鼓励国有企业及社会资本参与"一带一路"文化贸易，依托国家对外文化贸易基地，推动骨干和中小文化企业的联动整合、融合创新，带动文化生产与消费良性互动。

专栏5 "一带一路"文化贸易合作

"一带一路"文化贸易拓展计划

扶持外向型骨干文化企业与"一带一路"沿线国家和地区文化企业围绕重点领域开展项目合作。开展1000人次文化贸易职业经理人、创意策划人和经营管理人才的交流互访。在国内举办的国际文化会展推出"一带一路"专馆或专区，支持国内文化企业到"一带一路"沿线国家和地区参加知名文化会展。

四、保障措施

（一）组织保障

运用好对外文化工作部际联席会议机制，在文化部"一带一路"工作领导小组指导下，根据本规划明确职责分工，制定实施方案，强化督促检查，形成工作合力。

（二）政策法规保障

签署和落实各国之间政府文化合作协定，全面落实国家文化、外交和贸易政策，加强文化领域知识产权保护。建立和完善文化事业、文化产业和对外文化贸易的相关法律法规体系，引导企业自觉遵守国际法律和贸易规则。

（三）资金保障

完善财政投入机制，设立文化部"一带一路"文化交流专项资金。鼓励社会力量参与，引导社会资本投入"一带一路"文化发展建设。鼓励政策性、商业性金融机构发挥优势，探索支持"一带一路"文化发展建设的有效模式，为"一带一路"文化项目提供多元化金融服务。

（四）人才保障

培养一支政治坚定、业务精通、外语娴熟、纪律严明、作风过硬的文化外交人才队伍。加大非通用语人才储备，引导文化艺术专业技术人才和复合型经营管理人才投身于"一带一路"文化工作。有针对性地开展"一带一路"文化交流培训工作，加强"一带一路"文化人才队伍建设，提升人才队伍的素质和能力。

（五）评估落实

建立"一带一路"文化发展重点项目库，定期对落实情况进行检查、评估、总结，宣传推广先进经验和有效做法。

附录 3

动漫游戏产业"一带一路"
国际合作行动计划

文产发〔2017〕33 号

为深入学习贯彻党的十九大精神，落实关于促进"一带一路"国际合作的部署，推进我国与"一带一路"沿线国家和地区在动漫游戏产业领域的交流与合作，根据《文化部"一带一路"文化发展行动计划（2016—2020 年）》，特制定本行动计划。

一、动漫游戏产业"一带一路"国际合作前景广阔

动漫游戏产业受众群体数量大、年轻化，产品传播效率高，是我国与"一带一路"沿线（以下简称"沿线"）国家民众喜闻乐见的文化娱乐形式，也是青年人才创新创业的沃土。加强我国与沿线国家和地区在动漫游戏领域的交流与合作，有利于共商共建共享更广阔的产业发展空间、建设 21 世纪的数字丝绸之路，有利于传承丝路精神，深化人文合作，促进我国与沿线国家之间民心相通。

近年来，我国动漫游戏产业快速发展，与沿线国家和地区在动漫游戏产业领域的合作规模不断扩大、合作领域不断拓展、合作基础不断夯实。我国具备实力的动漫游戏企业与沿线国家相关企业广泛开展创意、生产、技术、资金等方面合作，相互输送优质产品和服务。各类交流平台日益丰富，人员交流往来更加频繁，我国与沿线国家和地区在动漫游戏产业领域的合作将迎来更为广阔的前景。

二、指导思想与基本原则

（一）指导思想

全面贯彻落实党的十九大精神，以习近平新时代中国特色社会主义思想为指导，坚定文化自信，坚持社会主义先进文化前进方向，贯彻落实《文化部"一带一路"文化发展行动计划（2016—2020 年）》的整体部署，深化我国与"一带一路"沿线国家和地区在动漫游戏产业领域的交流合作，打造文化产业国际合作新平台，增添共同发展新动力，传承丝路精神，促进民心相通，推动中华文化"走出去"，扩大中华文化的国际影响力，为"一带一路"建设贡献文化力量。

（二）基本原则

交融互鉴。尊重各国人民的精神创造和文化传统，求同存异、兼容并蓄，实现亲诚惠容、民心相通，把继承优秀传统文化又弘扬时代精神、立足本国又面向世界的当代中国文化创新成果传播出去。

合作发展。从参与各方的利益共同点出发，寻找合作最大公约数，挖掘区域市场潜力，以互利共赢为目标，促进中国与沿线国家和地区深度融入全球动漫游戏产业链，构建合作发展新格局。

市场运作。遵循市场规律和国际规则，进一步发挥市场在资源配置中的作用，通过开放合作创新成果和市场机会的共享，激发创造力和发展活力，以企业为主体实现产业国际合作。

创新驱动。依托丰厚文化资源，丰富创意和设计内涵，体现动漫游戏产业特点，培育新型文化业态，促进内容创新、模式创新、技术创新和管理创新，不断满足沿线国家和地区市场新需求。

（三）行动目标

发挥动漫游戏产业在文化产业国际合作中的先导作用，面向沿线国家和地区，实现文化与产业的多方互动。加强中国与沿线国家的政府间沟通、政策协调，开展一批具有较强影响力的交流活动，广泛搭建交流合作平台、促进互联互通，积极构建产业生态体系，实现文化交流与产业发展环境的提升。发挥中国动漫游戏产业创新能力强、产业规模大的优势，开展国际产能合作，与沿线国家和地区共享发展机遇，实施一批具有带动作用的重点项目。深化中国与沿线国家企业间合作，培育和扶持一批具有较强创新能力和带动能力的重点企业，推动产品与服务的双向流动，实现中国动漫游戏产业与沿线国家和地区合作规模的扩展、水平显著提升，为民心相通发挥独特作用。

三、重点任务

（一）丰富内容供给

鼓励动漫游戏企业加大对优质内容的创作生产投入，通过动漫游戏讲好中国故事。扩大与沿线国家和地区的创意合作，鼓励针对沿线各国民众文化需求和消费习惯，进行原创内容开发，创作生产一批适宜沿线国家文化需求、贴合当地市场的优势动漫游戏产品。支持引进沿线国家特色文化资源，共同打造一批具有鲜明文化特色、为双边市场认可的畅销动漫游戏产品。支持面向全球市场开展创作，与沿线国家共同开发适应性强、在世界范围内被广为接受的国际化动漫游戏产品。

专栏 1　动漫游戏"一带一路"创意合作

举办交流会、采风团、训练营等多种形式合作交流活动，促进我国与沿线国家动漫游戏创作者、创意团队之间的了解沟通与学习合作。鼓励国内动漫企业、传播机构与沿线国家深度合作，共同创作 100 部有影响力的反映"一带一路"文化特色的优秀动漫游戏产品。

（二）拓展合作渠道

针对动漫、游戏产业的不同传播特点，畅通中国与沿线国家间动漫游戏产品交流渠道，提升产品双向传播、运营的便利性。加强推广机构、运营机构、销售平台、服务平台、新媒体平台的能力建设，鼓励在有关国家区域通过多种方式开展产业合作。支持通过建立数据库等手段，聚合沿线国家的重点渠道、平台机构，为企业牵线搭桥，充分考虑不同国家的历史与文化，提高翻译质量，创新翻译思维，加强翻译能力建设，积极开展译制、配音合作。支持发展众包翻译，鼓励建设在线翻译社区，广泛整合全球翻译资源参与译制。

（三）搭建交流平台

发挥政府引导作用，积极搭建产业沟通交流平台，鼓励开展针对不同国别的动漫游戏产业对外合作的专业服务，构建全方位、多层次、高质量的产业交流合作体系。加强会展合作，支持中国动漫游戏企业参加各类国际会展，在会展中开展"一带一路"动漫游戏产业展示、对接、交流活动,提升参展水平。支持在国内举办的与"一带一路"相关的综合性会展中设立动漫游戏展区、开展相关活动。支持在沿线国家举办或合作举办动漫游戏展会。支持利用行业协会、商会、联盟等推动与沿线国家开展产业对接、项目推介、行业信息交流等多种形式的交流合作,加强行业自律。

专栏 2　动漫游戏产业"一带一路"会展合作

建设"一带一路"动漫游戏会展信息库,发布重点会展目录,支持和鼓励中国动漫游戏会展与沿线国家和地区动漫游戏会展之间开展合作,组织和引导互相参展,设立展示专区,开展专项推介活动,实现动漫游戏企业双向参展 100 家次/年。充分利用中国国际动漫游戏博览会等有影响力的国内文化展会平台,欢迎和支持沿线国家和地区参展。

（四）发展本地化经营

注重动漫游戏产业的文化属性,针对各国历史传统、文化习俗、自然条件的差异,开展差异化定位、针对性开发,构筑适应当地特点的动漫游戏产业海外发展路径,提升文化品牌和企业形象。支持开展针对性运营服务,加强企业在产品推出后的持续运营、维护、周边开发等相关服务,并针对所在国情况推出特色服务产品。支持企业在海外通过合资、投资、并购、开设分公司等形式设立本地化机构和营销网络,雇佣本地员工,提供本地化产品与服务。

（五）促进文化资源数字化

支持和鼓励国内数字文化企业和研究机构加强与沿线国家合作,运用 3D 显示、虚拟现实、增强现实、智能语音等数字技术,共同开发挖掘传统文化资源,促进当地文化资源数字化保护开发与创造性转化,丰富数字丝绸之路的文化内涵。积极与沿线国家和地区合作,发展数字艺术展示产业,以数字艺术展示丝路文明。发挥数字艺术展示的高互动性、高应用性、高融合性特点,积极探索与沿线国家博物馆、美术馆展陈创新相结合,与旅游开发相结合。

专栏 3　"一带一路"文化资源数字化合作

支持和鼓励国内数字文化企业和研究机构与沿线国家和地区合作,依托互联网、运用数字技术，与沿线国家传统文化资源为基础，合作开发30个文化资源数字化项目，让丝路文化资源活起来。

（六）加强技术创新与应用

顺应数字技术发展潮流，把握互联网和智能终端在沿线国家加快普及的趋势，鼓励内容、装备和平台企业协同发展。加强新技术领域创新能力建设和示范应用推广，支持新技术装备企业与优秀内容企业在沿线国家融合发展，提升动漫游戏创作生产传播的技术水平，注重动漫游戏内容与智能终端的融合发展。支持虚拟现实、增强现实、智能终端、移动互联网、数字新媒体、可穿戴设备、人工智能等新技术创新发展与推广应用。加强手机（移动终端）动漫、交互娱乐、数字艺术展示等数字文化产业领域技术和标准的开发合作与推广应用。

（七）推动动漫游戏与相关产业融合发展

充分利用动漫游戏产品易于跨国、跨文化传播的特点，鼓励将先进制造能力和优秀创意能力结合，推动实体经济企业和动漫游戏企业在"一带一路"国际合作中实现融合发展，通过在产品中运用品牌授权、形象宣传等多种方式，在沿线国家和地区加强"中国制造"的品牌建设，提升产品的文化内涵和附加值，实现动漫游戏产业与礼仪休闲用品、家用电器、服装服饰、家居用品、食品、文化体育用品等消费品工业融合发展，与信息业、旅游业、广告业、商贸流通业等现代服务业融合发展，在教育、展览展示、地理信息等领域积极开拓应用。

四、保障措施

（一）政府服务

充分发挥政府职能，加强与沿线国家和地区的政策沟通与协调，明确重点，加强服务。加强政府公共服务，加强驻外使领馆文化处（组），海外中国文化中心对我国文化企业在当地开展本地化经营、信息服务、企业合作、展览展示的支持，发挥好海外中国文化中心的展示窗口作用。将动漫游戏产业对外合作列入我国与沿线国家文化交流执行计划。发挥国内有关省（区、市）的各自比较优势，加强东中西互动合作，积极调动和组织地方参与。加强国内和国外的宣传推介，营造推进动漫游戏产业"一带一路"国际合作的良好氛围。积极支持动漫游戏产业"一带一路"国际合作的新业态、新模式。加强对产品知识产权和无形资产的保护，支持企业开展涉外知识产权维权工作。积极与沿线国家和地区交流共享动漫游戏治理经验。

专栏4　动漫游戏产业"一带一路"国际合作重点企业与重点项目年度名录

通过企业申报，遴选确定动漫游戏产业"一带一路"国际合作重点企业与重点项目年度名录，加大对入选者和项目的政策、资金支持力度，组织入选企业参加文化部的重点对外文化交流活动。

（二）人才建设

针对薄弱环节，加大支持力度，加强动漫游戏领域专业人员交流互鉴，构建产业国际化发展所需的人才队伍。支持开展对沿线国家和地区动漫游戏人才的培训，促进沿线国家和地区动漫游戏人才创新创业，鼓励建设动漫游戏领域的众创空间、双创服务平台。支持国内专业人才前往沿线国家交流学习。扶持一批水平较高的翻译、制作、运营机构，促进企业与高校围绕产业人才需求开展合作，鼓励国有文化机构发挥优势积极参与。

专栏5　动漫游戏产业"一带一路"人才交流培训

围绕创意、制作、翻译、贸易、投融资等动漫游戏产业"一带一路"国际合作的关键环节，通过院校培训、企业实训、短期研修、文化体验等方式，开展1000人次的动漫游戏产业人才交流培训和互访。

（三）资金保障

充分发挥财政资金的杠杆作用，通过专项资金专项建设基金、政府与社会资本合作（PPP）等形式加大支持力度，综合运用多种政策手段，对动漫游戏产品出口、境外投资、渠道建设、市场开拓、会展推广、译制配音、人才培养、公共服务平台建设等给予支持。

（四）金融支持

鼓励金融机构按照风险可控、商业可持续原则探索适合动漫游戏产业特点的产品和模式，为动漫游戏产业"一带一路"国际合作提供便捷金融服务。发挥好政策性、开发性、商业性金融机构的金融支持作用，鼓励各类金融机构积极参与。鼓励金融机构对符合信贷条件的重点企业和项目开展供应链融资、海外并购融资、联保联贷等业务，为企业使用境外投资贷款、抵押补充贷款（PSL 贷款）等政策性优惠产品提供便利。支持符合条件的动漫游戏出口企业通过发行企业债、公司债、非金融企业债务融资工具等方式融资，鼓励保险机构对动漫游戏出口重点企业和项目提供出口信用保险服务，在风险可控的前提下采取灵活承保政策，优化投保手续。充分发挥投贷联动作用，利用各类型投资基金对重点项目进行股权投资。

（五）评估落实

及时跟进重点企业、重点项目在发展中遇到的困难与瓶颈问题，协调各方力量帮助解决。加强统计监测和形势分析，定期开展评估总结，宣传推广先进经验和有效做法。

文化和旅游部产业发展司关于推荐动漫游戏产业"一带一路"国际合作项目的通知

各省、自治区、直辖市、计划单列市文化和旅游行政部门：

为落实《文化部"一带一路"文化发展行动计划（2016—2020 年）》（文外发〔2016〕40 号）和《动漫游戏产业"一带一路"国际合作行动计划》（文产发〔2017〕33 号），文化和旅游部产业发展司组织开展 2018 年度动漫游戏产业"一带一路"国际合作项目扶持工作，遴选一批国际合作成效与示范带动效应好的动漫游戏产业"一带一路"国际合作项目予以扶持。现将有关事项通知如下：

一、扶持方向和重点

（一）产品出口项目：具有鲜明中国文化特色、在"一带一路"沿线国家出口业绩显著、市场认可的畅销动漫游戏产品。

（二）合作开发项目：与"一带一路"沿线国家企业或机构通过联合制片、版权交易、服务外包等形式合作开发，适宜沿线国家文化需求、贴合当地市场的优质动漫游戏产品。

（三）平台建设项目：为动漫游戏产业"一带一路"国际合作提供信息交流、项目对接、展览展示、翻译推介、人才培养等服务的线上或线下功能性平台项目。

（四）技术合作项目：与沿线国家合作开展的动漫游戏领域技术、装备创新或应用项目。

（五）其他动漫游戏产业"一带一路"合作新模式。

二、扶持方式

在地方文化和旅游行政部门推荐的基础上，充分考虑项目示范带动性、影响力、社会效益和经济效益等因素，遴选一批动漫游戏产业"一带一路"国际合作项目，给予一定资金扶持，并优先组织参加我部的重点文化产业国际交流合作活动。

三、申报要求

请各省、自治区、直辖市、计划单列市文化和旅游行政部门根据本地实际，组织符合条件的动漫游戏企业填写《2018年度动漫游戏产业"一带一路"国际合作项目扶持申请表》（一式三份）、提交申报PPT（体现申请表各项内容），对填报内容审核把关、提出推荐意见并加盖公章，于11月20日前报送我司（电子版发送至邮箱）。每省、自治区、直辖市、计划单列市推荐项目一般不超过5个，已纳入2018年原文化部"一带一路"文化贸易与投资重点项目的项目不再参加本次推荐。2019年"一带一路"文化产业国际合作重点项目征集与扶持工作另行通知。

文化和旅游部产业发展司

2018年11月2日

大湾区创新创意产业基地与全国动漫产业和教育基地

表1

序号	大湾区高新技术与创新创意产业基地名称	区域
1	广州市黄埔国家网游动漫产业基地	广州
2	深圳国家动漫动画产业基地	深圳
3	广州华创动漫产业园	广州
4	广州从化动漫产业园	广州
5	广州珠影文化创意园	广州
6	广州星力动漫游戏产业园	广州
7	广州市国家网络游戏动漫产业发展基地	广州
8	珠海 V12 文化创意产业园	珠海
9	潮州—中山产业创新创意园	潮州—中山
10	潮汕文化创意产业园	汕头
11	广东国家数字出版基地	广州
12	广州国家音乐产业基地	广州
13	深圳创意 101 孵化园	深圳
14	深圳华强创意产业园	深圳
15	深圳坪山国富文化创意产业园	深圳
16	广州市海伦堡创意园	广州
17	佛山顺德创意产业园	佛山
18	广东工业设计城	佛山
19	佛山创意产业园	佛山

表2

序号	国家级动画产业基地名称	授牌机关	授牌批次	授牌时间
1	上海美术电影制片厂	广电总局	第一批	2005 年
2	中央电视台中国国际电视总公司	广电总局	第一批	2005 年
3	三辰卡通集团	广电总局	第一批	2005 年
4	中国电影集团公司	广电总局	第一批	2005 年
5	湖南金鹰卡通有限公司	广电总局	第一批	2005 年
6	杭州高新技术开发区动画产业园	广电总局	第一批	2005 年
7	常州影视动画产业有限公司	广电总局	第一批	2005 年
8	上海炫动卡通卫视传媒娱乐有限公司	广电总局	第一批	2005 年
9	南方动画节目联合制作中心	广电总局	第一批	2005 年
10	深圳市动画制作中心	广电总局	第二批	2006 年
11	大连高新技术产业园区动画产业园	广电总局	第二批	2006 年
12	苏州工业园区动漫产业园	广电总局	第二批	2006 年
13	无锡太湖数码动画影视创业园	广电总局	第二批	2006 年
14	长影集团有限责任公司	广电总局	第二批	2006 年
15	江通动画股份有限公司	广电总局	第二批	2006 年
16	重庆市南岸区茶园新区动画产业基地	广电总局	第三批	2007 年
17	南京软件园	广电总局	第三批	2007 年
18	北京文化创意产业集聚区（海淀区中关村创意产业先导基地、石景山区北京数字娱乐产业示范基地和通州区宋庄原创艺术与卡通产业集聚区）	广电总局	第四批	2008 年
19	厦门软件园影视动画产业区	广电总局	第四批	2008 年
20	沈阳高新技术产业区动漫产业园	广电总局	第四批	2008 年

表3

序号	国家级动漫游戏产业振兴基地名称	授牌机关	授牌批次	授牌时间
1	福州动漫产业基地	文化部	—	—
2	黑龙江动漫产业发展基地	文化部	—	—
3	天津滨海新区国家影视网络动漫实验园	文化部	—	—
4	上海国家动漫游戏产业振兴基地	文化部	—	—
5	四川国际动漫游戏产业振兴基地	文化部	—	—
6	大连国家动漫游戏产业振兴基地	文化部	—	—

续表

序号	国家级动漫游戏产业振兴基地名称	授牌机关	授牌批次	授牌时间
7	湖南国家动漫游戏产业振兴基地	文化部	—	—
8	济南国家动漫游戏产业基地	文化部	—	—

表 4

序号	国家级动漫创意产业基地名称	授牌机关	授牌批次	授牌时间
1	北京国家动漫创意产业基地	新闻出版总署	—	2004 年
2	上海国家动漫创意产业基地	新闻出版总署	—	2004 年
3	广州国家动漫创意产业基地	新闻出版总署	—	
4	成都国家动漫创意产业基地	新闻出版总署	—	
5	石家庄国家动漫创意产业基地	新闻出版总署	—	
6	青岛市国家动漫创意产业基地	新闻出版总署	—	2007 年

表 5

序号	8 家国家动画教学研究基地	授牌机关	授牌批次	授牌时间
1	中国传媒大学	广电总局	第一批	2005 年
2	北京电影学院	广电总局	第一批	2005 年
3	吉林艺术学院动画学院	广电总局	第一批	2005 年
4	中国美术学院	广电总局	第一批	2005 年
5	浙江大学	广电总局	第二批	2007 年
6	浙江传媒学院	广电总局	第二批	2007 年
7	广播电影管理干部学院	广电总局	第三批	2008 年
8	西安美术学院	广电总局	第三批	2008 年

附录 6

国内外知名动漫游戏会展

序号	名称	特色与经济指标	区域
1	圣地亚哥国际动漫展（SD-CC）	➤一个多元化的综合性展会，包括动画、漫画、电影、电视作品、玩具、电子产品、娱乐业等相关产品，是西半球规模最大的动漫展 ➤2016年参展人数超过16.7万，700场见面会，包括新品发布、明星会面、剧情探讨、业内畅谈等。该展会每年的现场观众都达到6位数；参展观众中44%为女性	美国
2	纽约漫展（NYCC）	➤NYCC始于2006年，是纽约市每年举办的漫迷展，包括漫画、图像小说、日本动画、视频游戏、玩具、影视等 ➤2016年参展18万人次，创下历史新纪录。2015年纽约漫展吸引观众超过12万人次，吸引了包括迪士尼出版集团、20世纪福克斯等在内的850多家公司参展和超过13万动漫迷前来参观，同时吸引超过2500家媒体	美国

续表

序号	名称	特色与经济指标	区域
3	Wizard World Comic Con	➤ Wizard 公司拥有遍布北美地区 13 大动漫展的冠名和运营权，并且自己新开发了芝加哥和费城等城市的动漫展。它拥有流媒体内容平台 CONtv 和动漫衍生业务中的订阅服务 ConBox ➤ 漫展观众的入场门票收入，展会摊位的分成/租金，以及赞助费（广告费）为盈利提供三大主要来源；每场的成本根据展会规模而不同，从小展会的 35 万美元到大展会的 250 万美元 ➤ 2016 年各地展会的平均参展人次约 1.6 万，在芝加哥地区举办的漫展参展人次达 12 万左右，其他地区约 3000 人次。参展观众中 57% 是男性，年龄 18~34 岁占比 57%，35~45 岁的占比 21%	美国
4	Comic Market	➤ Comic Market 一般简称为 Comike、Comiket 或 CM，是目前世界最大规模的"同人志即卖会"，也是世界最大规模的展会。Comike 从 1975 年起开始举办，每年夏季和冬季各举办一届，2022 年夏季是第 100 届（业内习惯于以字母"C"加上届数以做代称） ➤ 参展的同人志作品以现有的动漫、小说、游戏和音乐为蓝本进行二次创作，形式包括同人本、光盘、抱枕、手账等各类周边 ➤ 2016 年参展人数约 50 万次，参展企业 130 家，志愿者会场员工月 3250 人，同人社团（个人）3.5 万个，以商业出品内容为蓝本的二次创作团队（个人）占比 60%~70%，coser 人数达 2 万多人	日本
5	东京国际动画博览会	➤ 东京市政府和相关动画企业及团体为了鼓励和发展动画产业而主办的国际性动漫展。展会以动画综合信息展示、动漫商品销售和培养动漫创作力量为主要目的，分为企业展和普通观众参展日	日本

序号	名称	特色与经济指标	区域
6	法国昂西国际动画电影节	➢ 法国昂西国际动画电影节始办于 1960 年，下设的动画长篇、动画短片、电视动画等奖项，享有"动画界奥斯卡""动画界戛纳"等盛誉。动画节设有影片评选、展映、会谈、展览、特别活动等环节 ➢ 为期 6 天的动画节期间，每天会在五六个影剧院里同时进行 10~23 小时不等的展映。展会用一周时间回顾动画巨片力作，展现新的发展趋势，营造动画从业人士认识行业新秀、寻找理想合作伙伴的绝佳环境 ➢ 昂西国际动画电影节的商业运作吸引了许多商业大牌的参加，动画节专门开辟了一个国际动画交易市场（MIFA），会场中设有很多展位，有软件公司推广新产品，有动画院校在介绍学校的办学情况，有世界各国动画节的宣传，还有动画公司展示自己的新作品。动画节与动画交易市场实现了良好的互动，使专业人士、教育工作者、创意人、学生能够一起畅谈他们的需求和项目	法国
7	英国伦敦 MCM 动漫展	➢ 英国伦敦 MCM 动漫展是英国最大的动漫展。展会主要集中于动画、漫画、视频游戏、科幻、动漫真人秀等领域，题材多来自美国、英国和日本 ➢ 伦敦 MCM 动漫展的特色是一条长长的展览走廊，展出了各类动漫作品、周边。展区内还有一个剧院，能容纳观众 1000 人，漫迷们经常会穿上 Cosplay 的服装来参加漫展，主办方也十分鼓励漫迷们这样做，增加漫展的气氛和趣味性。漫展还设有"动漫村"供狂热的漫迷们聊天交友、讨论动漫	英国
8	墨尔本国际动画节	➢ 2016 年收到 40 多个不同国家的作品 3000 多件，展映 400 多部电影。墨尔本国际动画节与其他的一些动画节有联谊，如果将作品投递到了本动画节，也就意味着同时参加了以下动画节的评选：旧金山国际动画节、伦敦国际动画节、新西兰电影节	澳大利亚

续表

序号	名称	特色与经济指标	区域
9	中国国际动漫游戏博览会	➤ 据统计，2016 年共有 139.45 万人次参加各项活动，为 5 年来最多，累计交易、消费总额达 153.28 亿元，更创下历史新高 ➤ 在 6 天的时间里，漫威、星球大战、加勒比海盗、哆啦 A 梦、银河护卫队等 226 个中外动漫品牌亮相展会，谷歌、Facebook、迪士尼、梦工厂以及欧洲最大的动漫制作公司意大利彩虹集团、英国 BBC 少儿频道等国外知名企业、机构也纷纷参展参会。共有 139.45 万人次参加了动漫节各项活动，是 5 年来参加人数最多的一届 ➤ 据统计，2016 年共有 2587 家中外企业、机构，5600 多名客商、展商和专业人士参展参会，实际成交及达成签约交易、意向合作的项目共 986 项，涉及金额 130.12 亿元，动漫节消费涉及金额 23.16 亿元，总计 153.28 亿元。在 2016 年的第 12 届中国国际动漫节上，这一指标首次突破 150 亿元大关，当时为 151.63 亿元	中国
10	中国国际数码互动娱乐产品及技术应用展览会	➤ 由网游主管部门新闻出版署 2004 年主办的第一届中国国际数码互动娱乐产品及技术应用展览会（ChinaJoy）在北京举行，成为了继美国 E3 大展、日本东京电玩展之后的第三项世界性的游戏业界与玩家的互动娱乐盛会 ➤ ChinaJoy 的展会规模和能级都不断扩大，参展的产品涵盖网络游戏、PC 游戏、电视游戏、手机游戏、街机游戏、掌机游戏等各类游戏产品，以及电信增值服务、数码消费类电子、游戏周边和动漫等 ➤ 2016 年参展人数约 325 万，门票收入约 2200 万元（80 元一张），参展媒体达 2600 家，推出游戏产品超过 400 款，新曝光游戏产品超过 50 款，其中半数是 VR 游戏。在展品方面，除与会企业展出的客户端游戏、移动游戏外，部分国内外 VR 游戏也获得了用户的青睐 ➤ VR、电竞和主播成为本次展会的热点，除《英雄联盟》《DOTA2》等端游赛事外，《王者荣耀》《穿越火线：枪战王者》《球球大作战》等移动电竞游戏也频现展会现场，吸引企业在现场进行大力布局	中国

续表

序号	名称	特色与经济指标	区域
11	电子娱乐展览（Electronic Entertainment Expo/Exposition）	➢ 电子娱乐展览，简称 E3 游戏展，是世界上电子游戏界最大的年度商业化展览，也是第一大的游戏大会。展览只对那些电子游戏业界业内人士以及记者开放，并且制定了 18 岁以上才能参观的年龄限制 ➢ 洛杉矶会展中心总建筑面积达 540000 平方英尺（大约 50000 平方米），整个展览跨越五个大厅。展会的五个大厅分别为：肯提亚厅（Kentia）、迫提厅（Petree）、南厅（South Hall）、交流厅（Concourse Hall）和西厅（West Hall） ➢ 2016 年参展人数约 7 万，参展厂商 230 多家，公布新游戏 1600 多款。其中，参展 7 万人中约 5 万人是参展厂商人员、行业分析师、记者和游戏爱好者，另外 2 万名是 E3 直播粉丝。ESA（E3 主办单位娱乐软件协会）表示这一次 E3 在 Twitch 上的直播总浏览人数超过了 4200 万，其官方在 Instagram 张贴的 E3 相关图片则有 90 万人点赞	美国
12	东京电玩展（Tokyo Game Show，TGS）	➢ 东京电玩展始办于 1996 年，是规模仅次于美国 E3 游戏展的全球第二大游戏展会，至今已经发展成为亚洲最大的游戏展览会，是在日本东京千叶幕张展览馆举办的大型视讯游戏展览。东京电玩展的内容以各类游戏机及其娱乐软件、电脑游戏以及游戏周边产品为主 ➢ 2016 年参展人数约 270 万，出展厂商约 300 家（索尼参展，任天堂与微软缺席），其中"一般出展"厂商共有 47 家，其中包括我们熟悉的索尼、Capcom、Koei Tecmo、BNEI、Square Enix、SEGA、KONAMI 等传统大厂。另外，现场还会设有独立游戏专区和 VR 专区等区域	日本

国内外以动漫授权业务为主营业务的企业

表1

序号	国内动漫品牌代理授权商名称
1	广州艺洲人文化传播有限公司
2	天络行（上海）品牌管理有限公司
3	优扬文化传媒股份有限公司
4	广州新原动力动漫形象管理有限公司
5	上海瀚允卓辰文化传播有限公司

表2

序号	国内动漫品牌自营授权商名称
1	浙江中南卡通股份有限公司
2	广州盒玩商贸有限公司
3	广州奥飞娱乐股份有限公司
4	深圳华强数字动漫有限公司
5	杭州玄机科技信息技术有限公司

续表

序号	国内动漫品牌自营授权商名称
6	广州蓝弧文化传播有限公司
7	北京梦之城文化有限公司

表3

序号	境外在华品牌自营/代理授权商
1	香港可立可亚洲专利授权有限公司
2	孩之宝商贸（中国）有限公司
3	美太芭比（上海）贸易有限公司
4	艾影（上海）商贸有限公司
5	华特迪士尼（上海）有限公司
6	上海世纪华创文化形象管理有限公司
7	羚邦星艺文化发展（上海）有限公司
8	香港山城集团PPW（Promotional Partners Worldwide）
9	盈思市场拓展有限公司
10	曼迪传播有限公司

新媒体运营模式

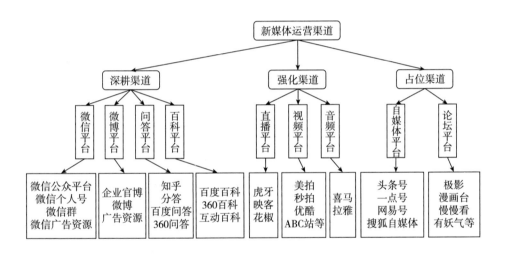

附录 9

政策依据

2019 年，《广州市促进电竞行业发展行动方案（2019—2021 年）》

2018 年，国家发展改革委办公厅《关于建立特色小镇和特色小城镇高质量发展机制的通知》

2017 年，文化部《动漫游戏产业"一带一路"国际合作行动计划》

2017 年，国家发展改革委、国土资源部、环境保护部、住房和城乡建设部《关于规范推进特色小镇和特色小城镇建设的若干意见》

2017 年，工信部《国家新型工业化产业示范基地管理办法》

2017 年，文化部《"十三五"时期文化发展改革规划》

2016 年，国家发展改革委《关于加快美丽特色小（城）镇建设的指导意见》

2016 年，文化部《关于推动文化娱乐行业转型升级的意见》

2016 年，住房和城乡建设部、国家发展改革委、财政部《关于开展特色小镇培育工作的通知》

2016 年，工信部、财政部、国土资源部、环境保护部、商务部《关于深入推进新型工业化产业示范基地建设的指导意见》

2013 年，国家发展改革委等 12 个部委《关于规范主题公园发展的若干意见》

2011 年，国家发展改革委《关于暂停新开工建设主题公园项目的通知》

2009 年，国务院《关于加快发展旅游业的意见》

2006 年，《国务院办公厅转发财政部等部门关于推动我国动漫产业发展若干问题意见的通知》

2015 年,《珠三角全域规划》

2015 年,《广东省推进文化创意和设计服务与相关产业融合发展行动计划（2015—2020 年）》

2016 年,《中山市国民经济和社会发展第十三个五年规划纲要》

2015 年,《中山市近期建设规划（2015—2020）》

2016 年,《中山市港口镇国民经济和社会发展第十三个五年规划纲要》

2012 年,《中国动漫产业发展白皮书》

附录 10

港口镇游戏游艺重点项目
筛选与决策指标

  基于主导产业发展的重点以及提升优势的内在要求，必须对各产业引入和发展的项目进行筛选并做出决策。在一手资料与二手资料分析以及德尔菲法定性研究的基础上，采用问卷调查和因素分析法，经过因子分析将项目筛选与决策的影响因素归为四个维度，即市场吸引力、产品差异度、管理能力、对环境威胁的抵制能力，并形成 16 个重要因素（见图 10-1）。

  其中，"+""-"分别表示正面或负面的影响；"++""+""--""-"表示各因素的影响权重大小。该指标体系包括三层逻辑关系：

  （1）市场吸引力由四个子因素决定，即市场规模、市场需求、市场增长潜力和进入市场渠道；产品差异度由产品唯一性、技术能力、利润边际和产品的专利化程度组成；管理能力由管理技能、市场营销能力、财务技能和企业家风范组成；对环境威胁的抵制能力由防止竞争者进入的能力、防止产品老化的能力、风险防范的能力和经济周期抵制能力组成。

  （2）市场吸引力和产品差异度主要决定了风险项目的期望回报率，并且市场吸引力的作用要强于产品差异度；管理能力和对环境威胁的抵制能力主要影响了风险项目的可预见风险，并且，管理能力影响大于对环境威胁的抵制能力。

  （3）期望回报和可预见风险影响了最终的投资决策。利用上述项目筛选与决策指标体系，对光电园区主导产业进行选择，得到各主导产业的具体发展项目。

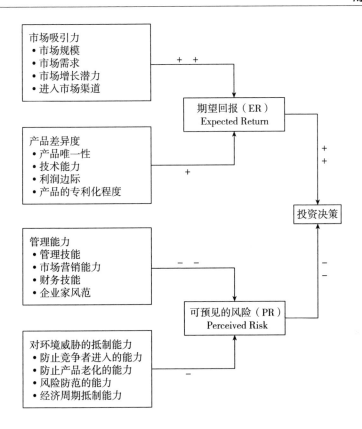

图 1　项目筛选与决策指标